EXCHANGE RISK **HEDGE THEORY**

환위험 헷지론

김윤영

박영사

머리말

"외환시장은 갑작스럽고 변덕스러운 환율변동의 위험을 가지고 있으며 이는 수출 기업들의 수익성에 심각한 위해요소로 작용할 소지가 있다." (미국 상무성, 무역금융 가이드, http://trade.gov/publications/pdfs/tfg2008ch12.pdf. 참조)

환율변동은 막대한 손해를 기업에 가져올 수 있으나 환위험 관리는 일부조사에서 국내 기업의 약 80%가 환위험 관리가 없는 것으로 알려져 있어 우리나라 기업이 미진한 분야이기도 하다. 이는 환헷지 상품의 이해가 어려운 데다 환율 예측의 어려움 및 전문가 부족 등 다양한 요인에 기인하기 때문이다. 이를 회피하기 위하여 정책적으로 유로화 도입 같은 극단적 고정환율 제도를 선택할수도 있으나 이는 자율적 통화정책의 제약으로 인한 또 다른 경제적 문제를 야기할 수 있다.

환율은 국내외 경제여건을 나타내는 빙산의 일각에 해당하는 변수이다. 수면 아래 가려진 부분을 보지 못하면 환율의 이해와 합당한 환위험 관리를 할 수 없다. 본인이 졸고를 발표한 이후 미국, 독일 등 세계 각국에서 문의가 들어와 환위험에 대한 관심이 우리나라에만 국한된 문제가 아님을 알게 되었으며 눌변에 턱없이 부족한 지식에도 그 동안 공부한 바를 정리라도 해놓자는 심정으로 감히 책을 펴낼 시도를 하게 되었다.

본 책은 이와 같은 점을 감안하여 외환시장과 환율, 환율의 결정과 예측, 환위험의 관리와 파생 통화상품거래 등에 대한 이해를 체계적으로 알기 쉽게 서술하고자 한다. 한국에서는 KIKO 피해사례가 헤지 시장의 활성화의 필요성을 높여 준 바 있다. 쉽게 설명하려 노력하였으며 경우에 따라 EXCEL 등을 활용 가능하도록 하였다. 바라건대 환위험 노출에 땀으로 일군 실적을 잃을 수도 있는 기업에게도 조그만 도움이 되기를 희망하며 처음 작업으로 인해 많은 부족한 부분과 오류가 있을 수 있음도 고백하고자 한다. 모든 것을 아시는 하느님께서 주신 나보타스장학회(www.navotas.or.kr)라는 소명에 깊이 감사드리며 이를 도와주시고 후원해 주시는 모든 분들께 감사드린다. 마지막으로 이 책을 출간하도록 초빙해 주신 박영사의 장규식 과장님과 난삽한 초고를 훌륭하게 책으로 바꾸어 주신 배근하 과장님과 같이 고생하신 편집부 직원 분들께도 감사드린다.

2020년 8월

차례

도입

환위험 헷지론

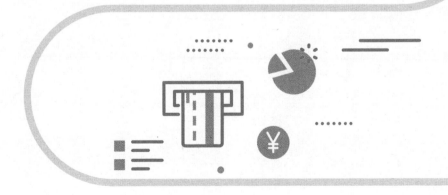

01

도입

환위험은 환율 변동에서 발생하는 재산 가치의 변동 위험이다. 역사적으로 보면 1970년대 초 제2차 세계대전 종전으로 성립된 브레튼 우즈 체제의 붕괴 이후로 전 세계적인 자본 이동의 증가와 변동 환율제의 도입확산으로 환위험이 발생하고 본격적으로 환위험 헷지의 필요성이 대두되기 시작하였다.[1]

시기적으로 브레튼 우즈 체제가 끝난 1970년대 이후 제도적으로 자유로운 자본이동이 영국, 일본 및 독일 같은 국가들을 중심으로 가능하게 되었다. 제2차 세계대전의 피해가 복구되면서 국가 간 자본 이동 수요가 발생한 것이 이를 가능하게 하였다.[2] 여기서 삼중고(trillema)의 문제가 대두되는데 이는 통화정책의 자율성, 국가 간 자유로운 자본이동성 및 고정환율제도를 통한 환율변동성 제거 등, 세 가지 바람직한 경제 정책적 목표는 동시에 달성할 수 없음을 의미한다. 예를 들어, 통화정책의 자율성, 국가 간 자유로운 자본이동성을 선택하는 경우 변동환율제도를 채택할 수밖에 없다. 따라서 브레튼 우즈 체제의 붕괴 이후 증가된 자본 이동성은 기존의 고정환율제와 양립할 수 없었으며 환율의 자유로운 변동이 불가피하게 된 것이다.

결국 환위험은 통화정책의 자율성과 국가 간 자유로운 자본이동성 하에서 불가피하게 발생함을 시사한다.[3]

---

1) 브레튼 우즈 체제와 같은 고정환율제 하에서는 환변동 위험이 기본적으로 존재하진 않는다.
2) IMF의 회원국 통화제도 분류는 이번 장 말미의 <참고> IMF의 국별 환율제도 운용현황을 참고하라.
3) 이런 관점에서 보면 중국의 경우 최근 자본 이동성을 증가시킴에 따라 위안화 환율의 변동성이 커질 수밖에 없다고 예측된다.

한편, 환위험은 대외 거래에 연관된 개인이나 개별 기업의 의지와는 별개로 통화정책 같은 거시경제요인이나 전쟁 등의 환율 급변동에서 발생하는 것으로 마치 천재지변과 같은 것이라 볼 수 있다. 물론 위험(risk)이 있는 곳에 보험이 필요[4]하며 환위험 관리는 이런 목적에서 수행되는 것이다. 이는 예를 들어, 미래의 변동하는 환율을 고정시키는 방식으로 수행 가능해지며 이것이 환위험(또는 헷지[5]) 관리의 기본 원칙이다.

환위험은 기업경영에 어떤 영향을 미치는가? 우선 기업의 입장에서 환율이 변동하는 경우 작동에 시간이 소요되는 대외거래 기업 활동에 따른 이윤 극대화 등의 목적함수가 불확실해진다. 이 경우 기업이 사전적으로 미래의 경영상 의사결정을 하기가 어려워진다. 이런 여건에서 환위험 관리는 이러한 경영상 불가피한 불확실성을 제거하는 데 기여한다. 한편 본질적으로 환위험 관리는 이윤을 추구하는 투기(speculation)와는 상이한 개념이다. 따라서 최적의 환위험 관리는 이윤 획득이 아니라 재산 가치 변동성의 최소화에 있다.

예를 들어, 배추 시장에서 배추가격을 봄에 미리 확정하여 밭떼기 하는 경우 농민과 중개상에게 모두 유익한데 이는 매도(공급)·매입자(수요)에게 모두 미래에 발생 가능한 가격 변동위험을 제거하기 때문이다. 이는 마치 병에 걸릴 것을 대비하여 개인이 미리 의료 보험에 가입하는 것과 유사한 효과를 갖는다.

한편, 환율은 외환의 가격인 바, 외환은 부동산, 주식 등과 같은 자산으로서의 성격을 갖고 있다는 점과 관련이 있다. 예를 들어, 주가는 미래의 배당소득의 현재할인 가치로 결정(Gordon's formula가 대표적인 모형임)되는데 알 수 없는 미래가 개재되므로 결정이 매우 어렵다.[6] 외환 역시 미래에 행사 가능한 미래 소득(예를 들어, 자본의 국제이동에 초점을 맞출 경우 국내외 이자율 차)을 갖고 있으며 이는 가격 결정에 애로를 초래한다.[7]

그러나 비싼 보험료 때문에 모든 질병에 대한 보험에 가입하지는 않는 것

---

4) 이를테면 화재 발생에 따른 예측이 어려운 재산 가치 변동 위험이 있으면 이는 보험으로 대처 가능하다. 환율 변동에 따른 예측이 어려운 경우도 마찬가지로 재산 가치 변동 위험이 있으므로 보험과 같은 수단으로 대처가 가능하다.
5) 헷지(hedge)는 동물 같은 외부의 침입을 막기 위해 설치한 울타리 또는 방책을 의미한다.
6) 이는 자동차 같은 실물 자산의 경우 부품가격의 합으로 상대적으로 가격이 쉽게 결정되는 것과 대비된다.
7) KIKO 등의 피해 사례는 이를 망각했기에 발생한 경우이다.

처럼 모든 환위험을 제거하는 것이 경제적인 것은 아니다. 즉, 환위험의 헷지에도 경제성이 중요하다는 것이다. 이런 의미에서 외환의 가격인 환율의 예측이 중요한데 정확한 예측은 최적의 환위험 헷지 수단의 결정과 최적 수량의 선정에 중요하다.

이런 관점에서 최종적인 이 책의 설명의 이상적인 목표는 궁극적으로는 Kim(2013, 2018)이 제시한 통화 옵션, 선물환 및 未 헷징 등, 세 가지 헷징 전략 간 조합의 효용극대화 최적 완결해(closed form solution)를 이해하고 이를 EXCEL을 이용하여 활용하는 능력을 배양하는 데 있다. 여기서 제시되는 환헷징 목표는 '주어진 기대 비용 수준에 대하여 낮은 환 리스크 수준을 달성하는' 표준적인 자산 포트폴리오 최적화 모형을 적용하며 적절한 헷징 전략의 선택으로 비용위험공간에서 주어지는 헷지자의 효용을 최대화 하는 것이다.[8]

아래 표는 헷지 수단으로 쓰이는 전 세계 외환파생상품 거래 실적이다.

(순 거래기준, 4월 일 별 평균, 단위: 10억 달러)

상품명	2004	2007	2010	2013	2016	2019
	1,934	3,324	3,973	5,357	5,066	6,595
현물환 거래	631	1,005	1,489	2,047	1,652	1,987
선도환 거래	209	362	475	679	700	999
외환 스왑	954	1,714	1,759	2,240	2,378	3,203
통화 스왑	21	31	43	54	82	108
옵션 및 기타거래	119	212	207	337	254	298

자료: Bank for International Settlement. 2019.
〈그림 1.1〉 전 세계 장외 외환파생상품 거래실적

이러한 학습 목표를 달성하기 위하여 환율 결정이론에 대한 학습이 우선 필요함을 나타내며 다음 장에서는 이를 서술한다.

---

8) 이런 의미에서 환위험 헷지는 금융공학(Financial Engineering)의 일 분야로서 공학적 접근으로 간주될 수 있다.

"6년간 도박을 한 것도 아닌데, 어떻게 원금의 30%만 남았다는 겁니까!"
"믿고 전 재산을 맡겼는데 깡통으로 만들어 버리다니, 이건 사기입니다."

19일 오전 미래에셋운용의 브라질 부동산 펀드 수익자 총회가 열린 서울 영등포 공군회관 3층. 백발의 노신사에서부터 40대 주부까지 투자자 30여 명이 한자리에 모였다. 브라질 상파울루의 고층 빌딩에 투자한 부동산 펀드의 만기(2018년 12월)를 연장하기 위해 운용사가 마련한 자리였다. 운용사의 간단한 설명이 끝나고 질의응답 시간이 시작되자, 송곳같이 날선 질문들이 연거푸 쏟아졌다. 투자자들은 지난 2012년 가입 이후 원금이 4분의 1 수준으로 쪼그라든 점에 대해 분통을 터뜨렸다. 미래에셋운용의 최창훈 부동산 부문 대표는 "펀드 설정 후 건물값은 20% 가까이 올랐지만 브라질 헤알화 가치가 58% 하락하면서 손해가 커졌다"면서 "이달부터 펀드 관련 비용(연 0.5%)을 일절 받지 않고, 인원 감축과 비용 관리 등을 통해 수익률을 끌어올리겠다"고 고개를 숙였다.

◇ 6년 만에 −70% 수익률

지난 2012년 2월 미래에셋은 브라질 상파울루에 있는 랜드마크 빌딩을 사들이기 위해 부동산 펀드를 출시하면서 개인에게 800억 원의 자금을 모았다. 2014년 월드컵, 2016년 올림픽 등을 앞두고 브라질 경제가 좋아질 것이란 장밋빛 전망에 2100여 명의 투자자가 몰렸다. 매달 임대료를 받아 분배금으로 투자자에게 지급하고, 만기 시점엔 건물을 팔아 매매 차익을 내서 수익을 내는 것이 목표였다. 하지만 유가 등 원자재 시장 하락과 정치 불안이 겹치면서 브라질 경기가 악화됐다. 펀드의 순자산은 191억 원까지 줄어들며 투자자들의 마음을 찢어 놓고 있다. 이날 설명회에 참석한 한 투자자는 "6년 전에 그냥 은행 예금에 돈을 넣어놨다면 이자만 최소 600만원"이라며 "손실폭이 10~20%면 몰라도 70%는 도저히 이해하지 못하겠다"고 목소리를 높였다. 운용사 관계자는 "펀드 설정 당시 브라질 환율은 헤알당 640원이었는데, 지금은 270원 근처까지 떨어져 원화 환산 손실이 확대됐다"면서 "건물의 본질 가치가 훼손된 것이 아니라, 브라질 경기 사이클이 하단에 진입하면서 펀드 성과가 부진해진 것이므로, 당장 손실을 확정짓기보다는 3년 정도 시장 회복을 기다리는 것이 낫겠다고 보고 수익자 총회를 열게 됐다"고 말했다. 〈조선일보 2018.9.20.〉

IMF의 국별 환율제도 운용 현황

환율관리 (국가 수)	통화정책 구조								
	지향 대상 환율						통화량 목표제 (24)	인플레이션 목표제 (41)	기타 (46)
	US dollar (38)		Euro (25)		복합 (9)	기타 (9)			
법정화폐가 없는 경우 (13)	Ecuador El Salvador Marshall Islands Micronesia	Palau Panama Timor-Le-ste	Kosovo Montenegro	San Marino		Kiribati Nauru Tuvalu			
통화위원회 제도 (11)	Djibouti Hong Kong SAR ECCU Antigua and Barbuda Dominica Grenada	St. Kitts and Nevis St. Lucia St. Vincent and the Grenadines	Bosnia and Herzegovina Bulgaria			Brunei Darussal-am			
전통적 페그제 (43)	Aruba The Bahamas Bahrain Barbados Belize Curacao and Sint Maarten Eritrea	Iraq Jordan Oman Qatar Saudi Arabia Turkmenis-tan United Arab Emirates	Cabo Verde Comoros Denmark[2] Sao Tome and Principe WAEMU Benin Burkina Faso Cote d'Ivoire Guinea Bissau Mali Niger Senegal Togo	CEMAC Cameroon Central African Rep. Chad Rep. of Congo Equatori-al Guinea Gabon	Fiji Kuwait Morocco[3] Libya	Bhutan Eswatini Lesotho Namibia Nepal			Solomon Islands[4] Samoa[4]

환율관리 (국가 수)	통화정책 구조								
	지향 대상 환율						통화량 목표제 (24)	인플레이션 목표제 (41)	기타 (46)
	US dollar (38)		Euro (25)		복합 (9)	기타 (9)			
안정화된 관리 (27)	Guyana Lebanon	Maldives Trinidad and Tobago	Croatia North Macedonia		Singapore Vietnam[5]		Angola[5] Bolivia[5] Ethiopia[5] (10/17) Guinea[5] (7/17) Malawi[5] Myanmar[5] (1/17) Nigeria[5] Suriname[5] (2/17) Tajikistan[5,10] (5/17) Tanzania[5] Yemen[5]	Guatemala[5] (3/17) Indonesia[5] (1/17)	Azerbaijan[5] (4/17) Egypt[5] (3/17) Kenya[5,7] Pakistan[5] South Sudan[5] (10/17) Uzbekistan[5] (9/17)
추세 관리형 페그(3)	Honduras Nicaragua				Botswana				
추세 관리형 관리 (15)					Iran[5]		Afghanistan[5] (4/17) Bangladesh[5] (1/17) Burundi[5] China[4] (6/17) Rwanda[5]	Costa Rica[5] Dominican Republic[5] Serbia[6] (3/17)	Haiti[5] (6/17) Lao P.D.R.[5,9] (9/16) Mauritania[5] Sri Lanka[5,7] Papua New Guinea[5] (8/17) Tunisia[6,7] (5/17)

환율관리 (국가 수)	통화정책 구조						
	지향 대상 환율				통화량 목표제 (24)	인플레이션 목표제 (41)	기타 (46)
	US dollar (38)	Euro (25)	복합 (9)	기타 (9)			
수평한도 페그제 (1)							Tonga[4]
여타 관리 통제형 (13)	Cambodia Liberia Zimbabwe		Syria		Algeria Belarus Democratic Rep. of the Congo Sierra Leone The Gambia		Kyrgyz Rep. Sudan[9] (9/16) Vanuaru Venezuela
변동 (35)					Argentina Madagascar Seychelles	Albania Armenia Brazil Colombia Czech Republic (4/17) Georgia Ghana Hungary Iceland India Israel Jamaica[8,9,10] (9/17) Kazakhstan Korea Moldova New Zealand Paraguay Peru Philippines Romania South Africa Thailand Turkey Uganda Ukraine Uruguay	Malaysia Mauritius Mongolia[7] Mozambique[7] Switzerland Zambia

환율관리 (국가 수)	통화정책 구조						
	지향 대상 환율				통화량 목표제 (24)	인플레이션 목표제 (41)	기타 (46)
	US dollar (38)	Euro (25)	복합 (9)	기타 (9)			
자율변동 (31)						Australia Canada Chile Japan Mexico Norway Poland Russia Sweden United Kingdom	Somalia[1] United States EMU Austria Belgium Cyprus Estonia Finland France Germany Greece Ireland Italy Latvia Lithuania Luxembourg Malta Netherlands Portugal Slovak Rep. Slovenia Spain

환율결정 이론

환위험 헷지론

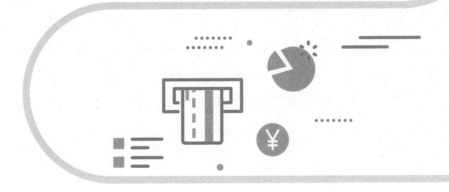

02

환율결정 이론

환율의 정의와 표현 방법

　　환율은 일종의 가격이며 가격은 재화 간의 교환 비율이다. 이에 따라 환율의 표현 방식은 단위에 따라 통상 두 가지로 할 수 있다. 먼저 미국식(American term)은 달러단위로 표현($/₩)하는 것을 말한다. 예를 들어, 1원당 몇 달러로 표기하는 방식이다. 반면 유럽식(European term)은 미국을 제외한 여타 국가 화폐단위로 표시(₩/$)하며 예를 들어, 1달러당 몇 원으로 나타내는 방식이다. 다른 재화도 환율과 유사하게 1달러당 사과 몇 개 또는 사과 1개당 몇 달러로 하는 등 두 가지로 다르게 표현가능하다는 점을 기억하자.[9] 다만 유럽식이라 하여 유로화에만 적용되는 방식이 아님에 유의하여야 하는데 가령 우리나라 원화 표시 방법도 1달러당 몇원으로 표시하면 유럽식이 된다.[10]

　　한편 주요 국제통화 外에는 외환 거래시장이 없거나 있더라도 거래실적이 없어 이종 통화 간 환율을 모두 알 수는 없으며[11] 이 경우 교차환율을 통해 간

---

9) 예를 들어, 사과와 배를 교환한다면 사과 1개당 배 몇 개로 교환비율을 표시하면 이는 '배를 기준으로 한' 교환비율의 표시일 것이다. 모든 가격은 기본적으로 시장에서 결정되는 교환비율이다. 이는 재화의 절대가치와는 다른 개념이다. 가령 다이아몬드와 물을 비교하면 후자의 절대가치가 더 높다. 그러나 시장에서의 교환비율은 전자가 일반적으로 더 높다. 이런 의미에서 교환비율인 환율은 가격이다. 예를 들어, 여러분이 백화점이 아닌 사막에 있다면 아마도 절대가치가 더 중요할 것이다.

10) 이러한 명명법은 금융거래가 시작된 20세기의 이전의 경우 미국 기준에서 세계는 미국과 유럽으로 구성되어 있다고 보는 데에서 유래한 것일 것이다.

접적으로 이론적 환율을 구하게 된다. 즉, 달러, 유로와 같은 주요 국제통화의 기타통화 대비 환율(예를 들어, 우간다 화폐)은 거래와 시장이 있어 알 수 있으므로 기타 통화들 간의 환율(예를 들어, 원화와 우간다 화폐 간 환율)은 환율을 명시적으로 알 수 있는 주요 통화를 매개로 하여 다음에서 설명하는 교차환율 공식을 통해 이를 구할 수 있다.

교차환율을 구하기 위해 A통화와 B통화 간 환율(A/B), B통화와 C통화 간 환율(B/C)이 주어졌다고 하면 A통화와 C통화 간 교차환율은$(A/C) = (A/B) \times (B/C)$와 같이 구할 수 있다. 예를 들어, KORW/US\$ = 1,200이며 US\$/BR£ = 1.5인 경우를 생각하자. 이 경우 원/파운드 환율은 다음과 같이 주어진다.[12]

$$\mathrm{KORW/BR£} = \mathrm{KORW/US\$} \times \mathrm{US\$/BR£} = 1,200 \times 1.5 = 1,800$$

이러한 교차환율(cross rate)로 환율을 구할 수 있는 이론적 근거는 이를 벗어나는 부분은 시장에서 차익거래(arbitrage)를 통해 소거되기 때문이다. 소거되는 과정은 개별 환율 A/B 또는 B/C의 조정을 통해 이루어진다. 먼저 A통화와 B통화 간 교환, B통화와 C통화 간 교환 및 A통화와 C통화 간 교환 시장이 각각 따로 구성이 되어 있다고 가정하자.

다음으로 예를 들어, 이론적인 교차환율에서 벗어나 다음 부등식이 성립한다고 하자.

$$(A/C) < (A/B) \times (B/C)$$

이 경우 다음의 차익거래(riskless arbitrage), 즉 통화 C를 통화 B와 교환하고 다시 통화 B를 통화 A와 교환하는 두 번의 간접 교환을 통해 통화 C를 통화 A와 직접 교환하는 경우보다 더 많은 통화 A를 획득할 수 있다. 이 경우 간

---

11) 환율은 외환시장에서 결정되어야 하는데 어떤 경우 시장과 거래 실적 자체가 존재하지 않는다. 외환을 거래하는 외환시장은 거래장소와 시간이 규격화된 한국거래소 같은 장내시장과 거래 상대방과의 개별적인 자유거래가 이루어지는 장외시장으로 구분되며 외환거래의 경우 장외시장의 비중이 매우 크다.
12) 여기서 미국 달러는 매개통화(medium currency)가 된다.

접 교환환율 (A/B) 또는 (B/C)가 하락하며 균형이 회복된다.[13)]

$$(A/C) = (A/B) \times (B/C)$$

다음으로 반대방향의 부등식이 성립한다면

$$(A/C) > (A/B) \times (B/C)$$

이 경우는 앞서 서술한 경우와 반대의 등식으로 표현되는 균형회귀 메커니즘이 작동하여 동일한 결과가 초래된다.[14)]

📋 **예제 2.1**

국제금융 관련 블룸버그 사이트(http://www.bloomberg.com/markets/)를 참조하여 그 곳에서 주어진 환율자료를 이용하여 CAD/EUR 또는 GBP/JPY에 해당하는 교차환율을 구하여 보자.

한편 실거래에서 환율은 고객이 매입 또는 매도시에 서로 차이가 있으며 이 양자의 차이가 은행의 환거래 업무에 대한 수수료가 된다고 할 수 있다. 고객 입장에서 매입율(bid rate, buying rate)은 은행에서 사는 환율이며 매도율(ask rate, selling rate)은 은행에서 파는 환율[15)]로 정의된다. 스프레드는 매도율과 매입율의 차이로 은행의 환거래 이익을 반영하여 양의 부호를 가지게(외환을 싸게 사서 비싸게 판다는 의미임) 된다.[16)]

---

13) 예를 들어, 통화 C를 통화 B로 교환하고자 하는 수요가 증가하므로 환율 B/C가 하락(또는 통화 C의 가격 상승)이 있게 된다. 마찬가지로 통화 B를 A로 교환하고자 하는 수요가 증가하므로 환율 A/B가 하락(또는 A의 가격 상승)이 있게 된다.

14) 교차환율을 계산하는 경우 미국 달러화를 매개 통화로 쓰는 것이 유용한데 이는 세계 어느 나라든 미국달러화를 거래하는 외환시장은 형성되어 있기 때문이다. 우리나라는 주로 은행 간 거래 시장에서 환율이 결정되는데 서울외국환중개(http://www.smbs.biz/Company/Buss_1_1.jsp)에서 60여 개의 은행 및 외은지점의 외환거래를 중개하고 있다.

15) 이는 물론 은행입장에서의 명칭이다.

16) 따라서 외환을 사고 파는 과정에서 이미 수수료를 지급하는 것이며, 해외여행시 불필요하게 많은 환전을 하는 것은 추가 비용을 발생 시키는 것이다.

다음의 하나은행 사이트(https://www.kebhana.com/cont/mall/mall15/mall1501/
index.jsp?_menuNo=23100)를 참고하여 달러화와 러시아 루블화의 스프레드 율을
비교하라. 왜 이런 차이가 나는가?
여기서 스프레드 율을 비교하면 달러화보다 러시아 루블화가 크다. 이는 은행의 외화 보
관 또는 운용 비용을 반영하며 루블화의 경우 상대적으로 미국 달러화에 비해 적당한
운용처가 없어 거래비용 등을 차감한 보유 수익이 작은 것이 그 이유이다. 이와 함께 거
래 규모에 따른 규모의 경제도 작용했을 것이다.

아래 <표 2.1>은 우리나라 외국환은행의 현물환 거래규모를 나타내고 있
다. 통화별로 원/달러 교환이 대부분을 차지하고 있음을 알 수 있다.

〈표 2.1〉 외국환은행의 현물환[1] 거래규모

(일평균, 억달러, %)

		2018	3/4	4/4	2019	1/4	2/4(A)	3/4(B)	B-A (증감률)	
	전 체	213.3	202.9	193.9	199.7	199.6	203.0	196.5	−6.5	(−3.2)
통화별	KRW/USD	153.4	147.4	140.9	138.5	139.1	142.5	133.9	−8.6	(−6.0)
	KRW/기타 통화	26.5	24.5	23.3	29.7	27.9	29.5	31.6	2.1	(+7.2)
	KRW/CNY[2]	18.8	18.2	16.6	23.3	21.5	22.7	25.7	2.9	(+13.0)
	JPY/USD	7.9	5.6	5.4	6.7	6.9	6.4	6.9	0.4	(+7.0)
	USD/EUR	12.7	12.3	11.8	10.5	11.2	10.1	10.1	0.0	(+0.3)
	기타	12.8	13.1	12.5	14.3	14.4	14.5	14.0	−0.5	(−3.4)
은행별	국내은행	127.3	118.9	114.7	110.6	110.8	111.2	109.9	−1.3	(−1.2)
	외은지점	86.0	84.1	79.2	89.1	88.8	91.8	86.6	−5.2	(−5.7)

상대방별거래	외국환은행간[3]	103.4	101.8	92.0	97.1	94.4	98.8	98.1	-0.7	(-0.7)
	국내고객[4]	53.7	53.3	52.1	53.7	53.6	54.5	53.0	-1.5	(-2.8)
	비거주자[5]	56.2	47.8	49.8	48.8	51.6	49.7	45.4	-4.2	(-8.6)

주 : 1) 계약일로부터 2영업일 이내에 외환의 인수도(결제)가 이루어지는 거래
   2) 역외 위안화(CNH)를 포함(2015년부터 집계)
   3) 외국환은행간의 거래, "(매수＋매도)/2" 기준
   4) 외국환은행과 국내 개인 및 기업 등 국내고객간 거래
   5) 외국환은행과 해외금융기관 및 해외고객간 거래

아래에서는 환율의 본질적인 결정이론들에 대해 서술하기로 한다. 이에 대한 학습은 환위험 헷지에 긴요한 환율의 효율적 예측 등에 반드시 필요하며 이에 대한 이해 없이는 환율의 장기적인 움직임을 제대로 예측할 수 없다.

<table>
<tr><td>2.2</td><td></td></tr>
</table>

일물 일가의 법칙과 구매력 평가설

환율의 장기적 결정이론은 구매력 평가설이 제시되고 있으며 이는 일물 일가의 법칙으로부터 유추된다.[17] 먼저 일물 일가의 법칙(law of one price)을 설명하면 이는 단일 통화로 표시한 재화의 가격은 자국 또는 외국에서 모두 동일하다는 것이다.[18] 일물 일가의 법칙은 재화에 대한 수요공급의 법칙의 다른 표현이라고 해석할 수 있다.

---

17) 이는 기본적으로 재화시장 균형을 통해 환율결정을 설명하는 접근이다.
18) 동일한 화폐를 사용하는 자국 내에서의 일물 일가의 법칙은 매우 당연해 보인다. 인접한 두 가게에서 동일한 라면이 한 곳에서는 개당 1000원 다른 곳에서는 1200원에 판매되는 것은 불가능할 것이다. 그러나 사용화폐가 서로 다은 국가 간에 적용되는 일물 일가의 법칙은 그렇게 자명한 것은 아니며 이는 환율이 개재되기 때문이다.

좀더 구체적으로 이를 설명하기 위해 P를 한국 생산 사과 1개의 원화(₩) 가격, P^*를 미국 생산 사과 1개의 달러화($) 가격, S(₩/$)를 환율로 정의하자. 이 경우 원화표시 미국 사과의 가격은 SP^*로 표시된다. 일물 일가의 법칙에 따르면, 운송비, 관세 등을 무시하면 환율로 환산하여 동일한 화폐로 표시한 가격은 동일해야 한다.

$$P = SP^*$$

위의 예에서 환율로 환산하면 한국과 미국의 사과 가격은 같아진다. 이것이 일물 일가의 법칙으로 여기서 결정되는 환율 $S = P/P^*$가 균형환율이 된다. 그러나 왜 환율이 이런 방식으로 결정되어야 하는지 수식으로는 자명하지만 경제적으로는 자명한 것이 아니다.

이에 따라 균형환율의 안정성과 양국 재화에 대한 수요 변동으로 인한 가격 변동이 균형 환율을 바꾸는 조정과정을 살펴보자. 이를 통하여 환율 결정 메커니즘을 간단한 수요공급의 법칙으로 쉽게 이해할 수 있으며 환율결정의 경제적 논리를 이해할 수 있다. 먼저 재화 가격은 고정이라고 가정한다.[19]

일물 일가의 법칙이 성립하지 않게 되면 차익거래(riskless arbitrage)를 통해 이윤을 획득할 수 있게 된다. 이를 설명하기 위해 먼저 다음 부등식을 가정하자.

$$P > SP^*$$

이 경우 원화 기준으로 환산하여 미국 사과의 가격이 더 저렴하게 되며 이에 따라 상대적으로 미국 사과의(수입) 수요가 증가하고, 이에 따라 미국 사과를 구입할 수 있는 달러화의 가격인 원/달러 환율 S가 상승하여 궁극적으로 균형($P = SP^*$)이 회복되게 된다. 반대로 다음이 성립한다고 하면

$$P < SP^*$$

---

19) 단기적으로 환율에 비해 메뉴비용 등으로 가격은 쉽게 변하지 않는다. 불균형 요인이 생기면 환율이 먼저 조정되는 것이다. 일반적으로 환율 변동성이 가격변동성보다 크다.

앞서와 동일하게 미국 사과의(수입) 수요 감소와 환율 하락이 균형으로 이끌게 된다.[20]

가격의 변화에 따른 균형 환율의 조정과정은 <그림 2.1>을 통해서도 좀 더 분명하게 설명이 가능하다. 먼저 미국사과에 대한 초과수요가 양국사과의 가격차이 $y(S) \equiv P - SP^*$에 의해 결정된다고 가정하자. 만일 P와 P^*가 주어진 것으로 가정하면, 미국사과에 대한 초과수요는 환율 S에 의해 결정된다. 즉, 환율 S가 커지면 미국사과에 대한 원화표시 가격 상승으로 미국사과에 대한 초과수요가 감소한다. 반대로 환율 S가 작아지면 미국사과에 대한 원화표시 가격 하락으로 미국사과에 대한 초과수요가 증가한다. 만일 $y(S) = 0$이면 미국사과에 대한 초과수요는 0이 되며 균형이 달성되며, 이 경우 균형 환율은 $S^e = P/P^*$가 된다.

<그림 2.1>은 가격 변화에 따라 균형 환율이 변화되는 과정을 잘 보여 준다. 가령 사과 생산 증가로 인해 한국사과 가격이 P_i에서 P_i'으로 하락한다고 가정해 보자. 이 경우 초과수요 곡선 y가 점선과 같이 왼쪽으로 이동하고 따라서 종래의 균형 환율에서는 미국사과에 대한 초과공급(음의 초과수요)이 발생하게 된다. 이에 따라 원화표시 미국 사과의 가격하락이 초래되며 결국 균형환율 S^e의 S^{e1}으로의 하락으로 새로운 환율균형이 달성된다.

결론적으로 가격 변동은 균형 환율을 변동시키게 된다.

---

20) 차익거래는 이동거리가 길고 험난한 고대의 비단길(Silk road) 또는 차마고도를 통한 교역을 유발할 정도로 강한 힘을 지니고 있다. 예를 들어, 고대 신라가 로마와 교역한 색유리 세공품 같은 유물이 경주에서 출토되고 있다고 한다.

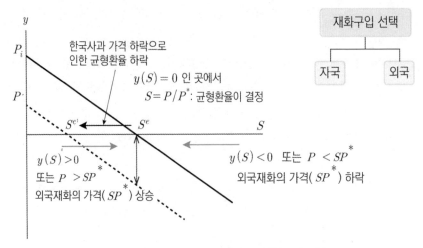

재화구입 선택
자국　　외국

P_i

한국사과 가격 하락으로
인한 균형환율 하락

$y(S)=0$ 인 곳에서
$S = P/P^*$: 균형환율이 결정

$P^{\cdot}$

S^{e_1}　　　S^e　　　　　　　S

$y(S)>0$
또는 $P>SP^*$
외국재화의 가격(SP^*) 상승

$y(S)<0$ 또는 $P<SP^*$
외국재화의 가격(SP^*) 하락

〈그림 2.1〉 재화가격의 변화와 균형환율의 이동

그러면 여기서 왜 가격은 고정이며 환율이 균형 회복을 위해 움직인다고 가정하는가? 이는 가격의 경우 메뉴 비용 또는 장기 임금 계약 등으로 단기 변동이 어렵지만 환율의 경우 그렇지 않기 때문이다.

한 가지 재미있는 사실은 환율변동은 환위험을 유발하기도 하지만 높은 생산비용을 가진 국가의 생산을 가능하게 해주는 순기능도 가진다는 점이다. 이를 좀 더 설명하면 만일 환율이 고정환율제를 채택하여 불변이라면 동일 화폐 표시 재화가격이 양국 간에 차이가 발생하면 환율이 아니라 가격이 차익거래를 통하여 일물 일가의 법칙을 만족시키도록 조정되어야 한다. 예를 들어, 만일 두 개의 사과가 완전히 동일하며 국제 사과 시장이 완전경쟁 시장임을 가정하기로 하자. 완전경쟁 시장인 경우 가격은 한계비용(Marginal Cost)에 의해 결정된다. 이 경우 한계 비용이 높은 국가의 경우 고정 환율제 하에서 한계 비용이 낮은 국가와의 가격차이를 극복할 방법이 없다. 즉, 환율이 $\bar{S}$로 고정되어 있다면 $P(=MC)>$ $\bar{S}\times P^*(=MC^*)$인 경우 일물 일가의 법칙이 단기적으로 위배되는 상태가 지속될 수 있다. 이는 단일 통화를 쓰는 유로존의 강한 경쟁력을 가진 독일과 남부유럽 여타 국가들의 경제적 차이를 설명할 수 있다. 그러나 국제 재화 시장이 완전경쟁 시장이더라도 사용하는 통화가 서로 다르고 환율 변동이 가능한 경우, 한계비용이 상대적으로 높은 국가도 생산이 가능하다.[21] 이는 앞에서 설명한대

---

21) 즉, 환율이 한계비용의 차이를 보전하는 일종의 '쿠션' 역할을 못하도록 고정환율제도가 제

로 환율 변동이 일물일가의 법칙이 성립하도록 만들어주기 때문이다.

한편 일물 일가의 법칙을 현실경제를 반영하여 여러 재화가 존재하는 경우로 확장하는 것이 가능하며 이를 구매력 평가설(purchasing power parity, PPP)이라 한다. 여기에는 절대적 및 상대적 구매력 평가설 두 가지가 있다.

먼저 절대적 구매력평가(absolute purchasing power parity)[22]는 단일 통화로 표시한 n개 재화들('배스킷'이라 부름)의 가중평균 물가지수가 자국 또는 외국에서 모두 동일하다는 이론이다. P_i를 국내 재화 i의 가격, P_i^*를 해외 재화 i의 가격으로 정의하고 물가지수 산출을 위한 배스킷 내 재화 i의 가중치가 양국 모두 동일하게 w_i로 주어졌다고 가정하자. 여기서 다음과 같은 일물 일가의 법칙이 각 재화 i에 대해 성립한다고 가정하자. 여기서 위 식의 양변에 가중치 w_i를 곱해주고 다시 합산하면 각 다음의 절대적 구매력 평가가 성립함을 보일 수 있다.[23]

$$p \equiv \sum_{i=1}^{n} w_i P_i = S \times \sum_{i=1}^{n} w_i P_i^* \equiv p^*$$

여기서 p와 p^*는 각각 자국과 외국의 물가지수를 나타낸다. 이는 앞서 일물 일가의 법칙을 설명하면서 제시한 논리에 따라 환율이 양국 간 물가지수의 비율에 의해 다음과 같이 결정됨을 의미한다.

$$S = p/p^*. \tag{2.1}$$

예를 들어, 가중치가 재화 1, 2로 구성된 배스킷의 $w_1 = 0.3$, $w_2 = 0.7$로 주어졌을 때, 재화 1, 2의 가격이 한국에서 10,000원, 5천원, 미국에서 15\$, 10\$로 주어진다면 구매력 평가설에 따른 환율은

약하고 있는 상황이라고 볼 수 있다. 그러나 자유변동 환율제하에서는 스페인산 와인 생산의 한계비용이 독일산의 경우보다 높더라도 생산이 가능해진다.

22) 평가설보다는 등가설이 더 정확한 표현으로도 볼 수 있다. 스웨덴 경제학자 카셀이 처음 주창하였다.

23) 여기서 p와 p^*는 물가지수(price index)라고 불리며 생산자와 소비자 물가지수가 있다.

$$\frac{0.3 \times 10,000원 + 0.7 \times 5,000원}{0.3 \times 15\$ + 0.7 \times 10\$} = 1,250원/달러로$$

주어진다.[24]

한편 절대적 구매력 평가 성립을 방해하는 요소로는 운송비 등 거래비용, 비교역재의 존재, 무역장벽, 불완전 경쟁 및 물가지수 작성 편제 방법의 국가 간 차이 등이 있다. 이들 요소들은 환율환산가격의 차이가 있더라도 차익거래의 이익을 만들어 내지 못하게 방해하여 양국 간 물가만으로 환율을 결정하지 못하게 만든다.[25]

<그림 2.2>는 미국/영국 물가지수와 달러/파운드 환율 추이를 보여 준다. 이들의 장기적인 상승 추이는 단기적인 차이가 있음에도 불구하고 대체로 서로 일치하는 것으로 보인다.

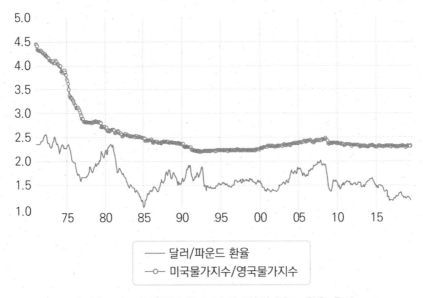

〈그림 2.2〉 미국/영국 물가지수와 달러/파운드 환율 추이

---

24) 절대적 구매력 평가설은 1년 이상 장기적인 환율 예측에 이용할 수 있다. 가령 일본은 소위 아베노믹스 정책으로 한국에 비해 급격히 통화량을 늘려 왔으며 이는 장차 일본의 물가상승 요인으로 작용할 소지가 있다. 이는 절대적 구매력 평가설에 따르면 원화 대비 엔화의 하락을 가져올 수 있음을 시사한다.

25) 같은 국내에서도 섬 지역인 제주도의 일부 물가가 비싼 것은 운송비 때문이다. 또 스타벅스 같은 국내 고객의 충성도가 높은 브랜드의 커피가격은 동일화폐 기준으로 환산하여도 미국보다 국내가격이 더 높게 책정될 수 있다. 반대로 경쟁이 심한 현대 자동차의 경우 해외시장보다 오히려 국내시장에서 더 높은 가격을 보이게 된다.

한국은행 사이트(http://www.bok.or.kr/)의 자료를 이용하여 2000년 이후 월별 소비자물가지수의 비율과 환율(종가) 간의 그래프를 이용하여 일본과 미국, 미국과 영국 간 어느 경우에 절대적 구매력 평가가 더 잘 성립하는가 생각해 보자. 그 이유는 무엇으로 추정되는가?

한편 절대적 구매력 평가설에 따르면 국가 간 물가수준이 환율을 결정하게 된다. 그러면 국가 간 물가수준의 변동은 얼마만큼의 환율을 변동시킬까? 이는 상대적 구매력평가(relative purchasing power parity)를 이용하여 설명이 가능하며 환율 예측에 응용도 가능하다. 좀 더 구체적으로 절대적 구매력 평가설을 이용하여 환율 변동률을 양국 간 물가변동률(자국과 타국의 인플레이션율 π_t와 π_t^*) 차이로 다음과 같이 나타낼 수 있다.[26]

$$\frac{dS_t}{S_t} = \pi_t - \pi_t^*$$

한편 상대적 구매력 평가설은 단위가 증감(률)로 표현되며 따라서 양국 간 물가지수의 편제의 차이(예 기준년의 차이)가 나타나지 않는다. 이에 따라 절대적 구매력 평가설이 성립하지 않더라도 상대적 구매력 평가설은 성립할 수 있음에 유의하자.[27]

이러한 구매력 평가설은 보다 발전된 환율결정 이론과 어떤 관계에 있는가?

---

26) 증명은 절대적 구매력 평가설 $p_t = S_t \times p_t^*$을 이용하여 유도가 가능하다. 먼저 어떤 변수 x_t에 자연로그를 취한 뒤 시간에 대해 미분하면 변화율이 얻어진다는 사실을 이용한다. 즉, $\frac{d\ln(x_t)}{d_t} = \frac{dx_t}{x_t}$ 여기서 dx_t는 t기의 미소 변화분을 나타낸다. 다음으로 절대적 구매력 평가설에 자연로그를 취한다면 $\ln S_t = \ln p_t - \ln p_t^*$의 식이 얻어진다. 다음으로 이 식에 미분을 취하면 $\frac{ds_t}{s_t} = \frac{dp_t}{p_t} - \frac{dp_t^*}{p_t^*} \equiv \pi_t - \pi_t^*$가 얻어진다.

27) 그러나 반대의 경우는 상수항의 차이로 성립하지 않는다.

구매력 평가설(Purchasing Power Parity, PPP)은 직관적인 일물 일가의 법칙의 연장에 기초하고 있다. 이는 통화 주의적 환율 결정이론으로 확장되어 장기적인 환율 결정의 핵심이 되며 개방거시경제 분석으로 연결되는 중요한 이론적 고리가 되고 있다. 따라서 이의 실증 검증은 현대 경제이론 전개에 대단히 긴요하다고 할 수 있다.

그런데 Rogoff(1996), Obstfeld and Rogoff(2000)에 따르면 실질환율[28]의 변동성은 현존하는 구매력 평가설의 이탈을 설명하는 모형들의 예측 범위를 크게 벗어나는 것으로 국제경제이론의 중요한 퍼즐 중 하나로 지적하고 있다. Frankel and Rose(1996), Cheung and Lai(1998, 2000a, 2000b), Papell(1997), Wu and Wu(2001) 등에 따르면 대체로 구매력평가설로부터의 이탈로부터 균형회복까지의 반감기(half life)는 3~5년 정도로 불균형 회복 속도는 매우 느린 것으로 알려져 있다. 또 Cheung and Lai(2004)에 따르면 이러한 회복속도는 물가 경직성 모형이 예측하는 1~2년의 반감기보다 너무 긴 것이다. 적어도 단기적으로 구매력 평가설이 성립하지 않을 수 있다는 실증분석결과들은 환율과 물가의 이해를 위해서도 보다 진전된 이론적 설명을 필요로 하는 것으로 보인다.

---

28) 명목환율이 화폐 간 교환 비율인 데 비해 실질 환율은 재화 간 교환 비율이며, $S \times \frac{p^*}{p}$ 로 계산된다. 실질 환율이 1에서 벗어나면 구매력 평가설이 성립하지 않게 된다. 한편 최근 이런 느린 구매력 평가 조정의 원인과 관련된 주목할 만한 연구결과들이 제시되었다. 먼저 Engel and Morley(2001)은 전통적인 합리적 기대 하의 물가경직성 모형들이 동일한 명목환율과 물가의 균형 수렴 속도를 상정하는 것과 달리 두 변수의 서로 다른 수렴 속도를 허용하는 상태공간모형을 통해 물가가 명목 환율보다 상대적으로 빠르게 균형수준으로 수렴하는 것을 발견하였다. Cheung, Lai, and Bergman(2004) 역시 가격이 아니라 명목 환율 조정이 구매력 평가 수렴속도를 결정하는 핵심변수임을 오차수정모형을 이용한 충격반응 분석 등을 통해 발견하였으며 반감기는 명목환율은 3~6년, 물가는 훨씬 짧은 1~2년임을 보고하고 있다. 또한 이들은 구매력 평가 불균형 조정의 60~90%는 명목환율 조정을 통해 이루어지고 있음도 확인하였다.

이자율 평가설

앞에 서술한 구매력 평가설은 장기적으로 재화의 이동(수요 공급의 법칙 반영)에 의해 환율이 결정된다고 본다. 그런데 이보다 단기적으로는 이자율 차익거래를 위한 자본의 이동에 의해서 환율이 결정될 수도 있다. 이를 이자율 평가설이라고 하며 후술하는 선물환 거래를 통해 차익거래가 무위험으로 이루어지느냐에 따라 '보장된' 또는 '보장되지 않은' 이자율 평가설로 구분하여 나타낸다. 이자율 평가설은 고정환율 및 국가 간 자본이동 금지를 핵심으로 하는 소위 Bretton Woods 체제의 붕괴 이후 변동환율제 도입 및 국가 간 자본이동 허용으로 인해 국제 자본시장의 환율 결정이론으로 중요성이 크게 대두되었다.[29]

좀 더 구체적으로 해외 이자율(i_t^*), 국내 이자율(i_t), 현물환율(S_t) 및 t기의 $t+1$기에 대한 환율예측(S_{t+1}^e)의 변수가 주어졌을 때 보장되지 않는 이자율 평가설(Uncovered Interest Parity)은 다음과 같이 정의된다.[30]

$$i_t = i_t^* + \frac{S_{t+1}^e - S_t}{S_t} \quad \cdots\cdots\cdots\cdots\cdots\cdots\cdots\cdots\cdots\cdots(A)$$

---

29) 이는 1977년 도입된 SWIFT 등 금융 IT 기술의 발전에 따른 국가 간 자본이동의 증가도 반영한다. 과거의 경상수지 균형 접근법은 최근에는 자본거래 규모에 비해 경상거래 규모가 매우 작은 특성으로 인해 환율 결정이론으로서의 중요성이 하락하였다.

30) 채권에 대한 위험 프리미엄이 조정요인으로 추가될 수 있다.

이는 균형에서 국내 이자율이 해외 이자율과 기대 환차익률의 합과 동일함을 나타낸다.[31]

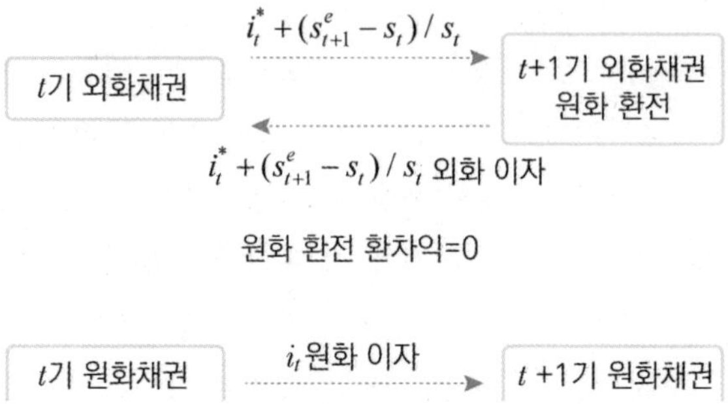

$$i_t^* + (s_{t+1}^e - s_t)/s_t$$

| t기 외화채권 | $t+1$기 외화채권 원화 환전 |

$$i_t^* + (s_{t+1}^e - s_t)/s_t \text{ 외화 이자}$$

원화 환전 환차익=0

| t기 원화채권 | i_t원화 이자 | $t+1$기 원화채권 |

〈그림 2.3〉 보장되지 않는 이자율 평가설 도해

보장되지 않은 이자율 평가를 자금의 수요공급의 법칙으로 설명하면 다음과 같다. 먼저 해외금리의 상승으로 인해 국내(예 한국)채권의 기대 수익률이 해외(예 미국)채권의 기대 수익률보다 낮다고 하자.

$$i_t < i_t^* + (S_{t+1}^e - S_t)/S_t = i_t^* + S_{t+1}^e/S_t - 1$$

그러면 $t+1$기의 환율 기대치 S_{t+1}^e가 주어졌을 때[32] 해외 채권에 대한 수요가 증가하고 이에 따른 달러화 수요가 증가하며 t기에 원/달러 환율(S_t, 달러화의 가격으로 해석)이 상승하게 된다. 이에 따라 예상 환차익$(S_{t+1}^e - S_t)/S_t$이 하락하게 되며 따라서 미국 채권의 예상 수익률이 감소하며, 따라서 보장되지 않은 이자율 평가 균형이 회복된다.

반대로 국내금리가 고정인 경우 해외금리가 하락하여(i_t^*) 다음의 불균형이 발생한다고 가정하자.

$$i_t > i_t^* + (S_{t+1}^e - S_t)/S_t$$

---

31) 만일 여러분이 강남의 상가를 구입하여 1년 후 매각한다고 하자. 이로부터 발생하는 수익은 상가 임대료와 1년 후 상가의 매각 차익이 될 것이다. 후자는 자본이득(capital gain)이라 한다. 위 식은 정확히 이런 상황을 나타내고 있다. 한국인이 2% 이자율의 1달러 예금에 가입한다면, 수익은 2% 이자율에 만기에 달러예금의 기대 원화 환전 수익률(자본이득)의 합으로 결정될 것이다.

32) 미래 환율에 대한 예상은 통상 구매력 평가설에 따라 결정된다고 가정된다.

이 경우 앞서 서술한 것의 반대 메커니즘이 작동하여 환율이 하락하여 이 자율 평가 균형이 회복되게 된다.

다음으로 위에서 제시된 과정은 수요공급의 법칙으로 이해할 수 있다. 이를 위하여, 해외 채권에 대한 초과 수요를 국내채권 대비 해외 채권에 대한 수익률의 차인 $i_t^* + S_{t+1}^e / S_t - 1 - i_t$의 증가함수로 가정하자. 이로부터 이자율 및 환율예상이 고정[33]으로 주어졌을 때, 외국 채권에 대한 (상대적) 초과수요는 현재 환율의 감소함수임을 알 수 있다. 즉, S_t가 떨어지면(올라가면) 외국채권 초과 수익률증가로 해외 채권에 대한 수요 증가(감소)함을 나타내며 균형은 초과수요가 0일 때 달성된다.

한편 이자율 평가는 다음과 같이 현재 환율에 대해 다시 쓸 수 있다. 즉, 이자율 평가가 성립할 때 이 식은 현재 환율이 환율의 장기예상 S_{t+1}^e과 이자율차이 $i_t - i_t$에 의해 결정되는 과정을 보다 직접적으로 보여준다.

$$S_t = \frac{S_{t+1}^e}{i_t - i_t^* + 1}$$

예를 들어, 환율의 장기예상이 환율에 미치는 영향을 보기 위해 아래 그래프는 스코틀랜드 독립 투표(2014.6) 전후 파운드화 가치 하락을 보여 준다. 즉, 영국 경제의 분할로 인한 경제력 약화를 염려하여 파운드 가치(달러/파운드 환율) 하락이 발생하였다. 이 사실은 환율이 정치적 요인 등에 의해서도 환율이 급변할 수 있음을 나타낸다.

---

33) 이자율의 경우 통화 정책에 의해 주로 결정되며, 환율보다는 단기적으로 고정된다고 볼 수 있다.

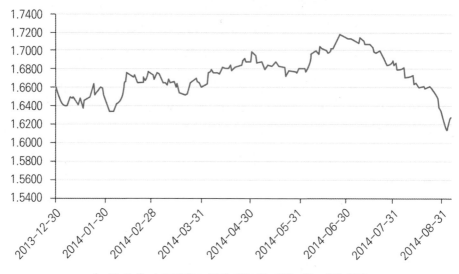

US Dolloar / UK Pound

〈그림 2.4〉 스코틀랜드 독립 투표와 파운드화 가치 하락

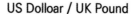 예제 2.4

영국의 BREXIT 국민 투표 직전과 직후 파운드화 가치 변화에 대해 조사해 보라. 그러한 변화는 어떤 요인에 따른 것인가?

아래 기사는 노딜 브렉시트 가능성이 줄어들면서 파운드화 가치가 상승함을 보여 준다. 노딜 브렉시트의 경우 영국 경제에 악영향을 끼칠 것으로 외환시장에서 판단하고 있었던 것이다.

 [경제기사로 얻는 금융시장 지식]

노딜 브렉시트 가능성 '뚝' ··· 파운드화 '강세'

영국 조기총선에서 보수당이 압승할 것으로 관측되면서 파운드화도 강세를 보이고 있다.

12일(현지시간) BBC 등 외신에 따르면 총선 출구조사 결과 보수당이 과반 의석(326석)을 훌쩍 뛰어넘는 368석을 확보할 것으로 예측되면서 파운드화가 강세를 보이고 있다. 파운드–달러 환율은 출구조사 소식이 전해지자 3%가량 급등한 1.35달러까지 치솟았다. 이는 지난해 5월 이후 가장 높은 수준이다. 파운드-유로 환율 역시 3년 반 만에 최고 수준이다. 파운드화가 강세를 보이는 것은 영국이 유럽연합(EU)을 떠나는 브렉시트(Brexit) 과정에서 아무런 협상 없이 탈퇴하는 '노딜 브렉시트' 불확실성이 현저히 줄어들어서다.

보리스 존슨 총리의 보수당이 이번 총선에서 압승할 것으로 예상되면서 당장 내년 1월 말 예정대로 브렉시트가 단행될 것으로 전망된다. 앞서 지난 10월 말 브렉시트 시한을 앞두고 영국이 아무런 협정을 맺지 못하고 EU를 탈퇴하는 '노 딜' 브렉시트 우려가 커지면서 파운드-달러 환율은 1.20달러 수준까지 떨어졌다. 금융투자업계에서는 보리스 존슨이 하원 내 다수를 절실하게 원했던 것만큼이나 이번 총선 결과는 시장이 가장 원했던 명확성을 가져다줄 것이라고 평가했다. 또 보수당이 과반을 획득하면 수주 내 브렉시트 합의안이 통과되면서 '노 딜' 브렉시트 위험을 제거할 것이라고 봤다. 파운드화는 2016년 브렉시트국민투표에서 유럽연합(EU) 탈퇴가 결정된 이후 전반적인 약세를 보여왔다.

〈한국경제 2019.12.13.〉

한편 앞서 제시된 보장되지 않는 이자율 평가설은 다음의 두 가지 다른 형태로 바꾸어 나타낼 수 있다. 먼저 앞서 25페이지에 제시된 A형은 다음과 같이 나타낼 수도 있다.

$$\frac{1+i_t}{1+i_t^*} = \frac{S_{t+1}^e}{S_t} \quad \text{.................................} \quad (B)$$

또한 (B)를 Taylor 근사식을 이용하여 다음의 선형 관계로 바꿀 수 있다.

$$i_t - i_t^* + s_t - s_{t+1}^e = 0 \quad \text{.................................} \quad (C)$$

여기서 $s_t = \ln(S_t)$이고 $s_{t+1}^e = \ln(S_{t+1}^e)$로 로그변환된 경우이다.[34] 이러한 다양한 형태는 분석의 목적에 따라 편의적으로 선택될 수 있으며 모두 근사적으로 동일한 의미를 가진다.

그러면 외환의 가치는 본원적으로 어디에서 기인하는가? 주가는 일반적으로 미래의 주식 배당금의 현재가치를 나타낸다. 이와 유사하게 환율은 외환 보유로 발생하는 미래의 국내 이자소득 대비 해외 이자소득의 합으로 주어짐을 보일 수 있다. 이를 보이기 위하여 식 (C)에서 ϵ_{t+1}를 t기에 s_{t+1}를 예측하는 경우 그 예측 오차로 다음과 같이 정의하자.

$$\epsilon_{t+1} \equiv s_{t+1} - s_{t+1}^e$$

이를 이용하여 축차 대입을 통하여 식(C)의 t기 현재 로그 환율을 다음과 같이 쓸 수 있다.

$$s_t = \sum_{i=0}^{\infty}(i_{t+i}^* - i_{t+i}) - \sum_{i=1}^{\infty}\epsilon_{t+i}$$

이는 외환의 가격인 환율이 본원적으로 미래에 수취 가능한 이자소득임에 의해 결정됨을 나타낸다.

📄 **예제 2.5**

코로나 발생으로 2020년 2월 미국 FRB에서 기준금리를 0으로 유지한다고 한다. 반면 한국은행에서는 기준금리를 크게 낮추기 어렵다고 한다. 미국 달러화가 안전자산임을 고려하면 원/달러 환율은 단기 및 장기적으로 어떨 것으로 예상되는가?

---

34) $B = C$를 보이기 위해 $\dfrac{1+i_t}{1+i_t^*} = \dfrac{S_{t+1}^e}{S_t}$에 로그를 취하면 $i_t - i_t^* + s_t - s_{t+1} = 0$가 되는데 이는 근사적으로 $\ln(1+x) = x$인 성질을 이용한다.

다음으로 $B = A$를 보인다. 먼저 $\dfrac{1+i_t}{1+i_t^*} = \dfrac{1+i_t^* - i_t^* + i_t}{1+i_t^*} = 1 + \dfrac{-i_t^* + i_t}{1+i_t^*}$이므로 B를 $\dfrac{i_t - i_t^*}{1+i_t^*} = \dfrac{S_{t+1}^e}{S_t} - 1$로 쓸 수 있다. 한편 i_t^*가 작은 경우 $1+i_t^* \approx 1$의 근사로부터 $\dfrac{i_t - i_t^*}{1+i_t^*} \approx -i_t^* + i_t$로 근사되며 결국 B는 A로 근사된다는 것을 알 수 있다.

브라질 국채는 짭짤하지만… 환율이 안도와주네

헤알화 가치 4개월새 12% 추락, 이자로 번 돈 환율로 까먹어
"헤알화 약세 연말로 갈수록 진정… 내년 2분기 後 강세로 전환할듯"

초저금리 시대에 꼬박꼬박 연 7% 이자를 주면서 세금도 낼 필요 없는 투자처가 있을까? 바로 브라질 국채다. 높은 이자율과 비과세라는 매력 때문에 국내 투자자들은 7조원 넘게 브라질 국채에 투자하고 있다. 고액 자산가들이 분산 투자할 때 절대 빼먹지 않는 자산으로 꼽히기도 한다. 그런데 리스크(위험)도 만만치 않다. 브라질 채권에 투자할 때는 무엇보다 헤알화 환율 변동에 가장 주의해야 한다. 정치적 불확실성이 높은 탓에 헤알화 가치가 1년 동안에도 10% 이상 오르락내리락하는 경우가 많기 때문에, 투자 시점에 따라 수익률도 오락가락한다. 자칫하면 이자로 번 수익보다 환율 변동으로 손해보는 액수가 더 커질 수도 있다. 최근 헤알화 가치가 연중 최저 수준으로 떨어지면서, 언제가 매수 적기(適期)인지 투자자들의 관심이 커지고 있다.

◇ 4개월 만에 12% 떨어진 헤알화… 바닥 다지고 반등할까

28일 한국은행에 따르면, 1헤알당 원화 환율은 277.4원(27일 종가)으로 지난 7월 19일 고점(317.17원)보다 12.5% 하락했다. 연초 이후로는 약 3.7% 떨어졌다. 헤알화 약세 원인은 크게 두 가지다. 하나는 다른 신흥국에 비해 가파른 기준금리 인하 속도 때문이다. 브라질 정부는 금리를 내려 부진한 경기를 떠받치겠다는 의지를 보이고 있다. 올해 들어서만 1.5%포인트 기준금리를 내렸고, 연말에도 1차례 더 하향 조정할 것으로 전망된다. 이에 따라 2년 전만 해도 연 14%대에 달했던 브라질 기준금리는 현재 연 5%로 내렸다. 하지만 금리 인하에도 브라질의 경제성장률이 1%대에 머무르자 통화 가치 하락이 지속됐다.

여기에 중남미 각국의 통화 가치 급락이 헤알화 가치 하락을 부추겼다. 지난 8월 아르헨티나의 예비 대선에서 좌파 후보가 압승하고, 최근 칠레에서 일어난 반정부 폭동이 장기화하면서 두 국가의 통화 가치가 큰 폭으로 하락했고, 브라질 통화 가치도 동반 하락하고 있다는 것이다.

하지만 국내 증권업계에서는 "헤알화 가치가 바닥을 다지고 내년에는 다시 회복할 것"으로 보고 있다. 아르헨티나와 칠레 이슈는 브라질 경제에 실질적으로 미치는 영

향이 크지 않고, 기준금리 인하는 중장기적으로 민간 소비 및 투자 심리를 개선시킬 것이라는 전망이다. 안재균 한국투자증권 연구원은 "연말로 갈수록 헤알화 약세가 진정될 것"이라며 "내년 2분기 이후 세제 개편안 등 추가 구조 개혁에 대한 기대감으로 헤알화가 강세로 전환할 것"이라고 밝혔다. 최근 미·중 간 무역 분쟁의 완화 조짐도 헤알화 강세 요인이다. 헤알화 가치가 오르면 브라질 채권에서 나오는 이자 수익과 환차익을 동시에 얻을 수 있다.

◇ 달러 표시 브라질 국채 투자, 환율 변동 위험 줄여

신한금융투자에 따르면, 올해 초 브라질 국채에 투자한 경우 환차손을 포함하더라도 20% 이상의 수익률을 거둘 것으로 예상된다. 채권 이자 수익이 7~9% 안팎이고, 금리가 내리면서 채권 가격이 올라 자본 차익 수익률이 14%대를 기록하고 있기 때문이다.

하지만 내년에도 브라질 국채 투자가 이처럼 높은 수익률을 낼 수 있을지는 장담하기 어렵다. 환율이 안정되더라도 급등하기는 어렵고, 브라질 중앙은행의 금리 인하 사이클이 마무리되면 채권 가격 상승 여력이 적기 때문이다. 이에 따라 조종현 신한금투 연구원은 "연말 기준금리를 1차례 더 내리기 전에 채권을 매수하는 전략이 유효하다"고 말했다.

헤알화 환율이 큰 폭으로 움직이는 것이 걱정되는 투자자라면, 브라질 정부가 발행하는 달러화 표시 채권에 투자하는 것도 방법이다. 이자는 헤알화 표시 채권에 비해 연 2~3%포인트 적지만, 환율 변동 위험에 덜 노출돼 있기 때문이다. 앞으로 브라질 달러 국채와 헤알화 국채 간 금리 차이가 줄어들 것이라는 분석도 있다. 김은기 삼성증권 수석연구원은 "내년 브라질의 신용 등급 상향 조정 시 달러 국채 가격 상승 가능성이 높다"며 "헤알화 환율 변동성을 감안하면 달러 국채의 투자 매력이 크게 증가했다"고 말했다. 〈조선비즈 2019.11.29.〉

  통화론적 모형은 국가 간의 장단기 이자율, 소득, 통화량 등을 이용하여 환율을 설명하는 것으로서 국제금융이론의 중요한 축을 이루고 있다. 환율의 단기 예측력에 있어 통화론적 모형은 임의보행모형에 뒤지나 장기예측에 있어서는 보다 우수한 것으로 알려져 있다. 특히 환율오버슈팅(exchange rate overshooting) 이론은 통화정책 충격을 환율 변동을 유발하는 중요한 요인으로 제시하고 있다. MacDonald & Taylor(1994), Johnston & Sun(1997), Frankel & Rose(1995), Chinn & Meese(1995), Rapach & Wohar(2001) 등 연구들은 장기환율 예측에 통화론적 모형이 임의보행모형보다 낮은 예측오차를 보이는 것으로 보고하고 있다.

  그러나 통화론적 모형 변수들의 충격 발생(또는 공표)의 낮은 빈도 등을 감안 시 특히 고빈도 주기에서 환율의 급격한 변동을 통화론적 모형 충격만으로 설명하기에는 어려움이 있으며, 왜 환율이 거시펀더멘탈보다 더 큰 변동성을 가지고 있으며 또(예를 들어, 적어도 단기에서 구매력 평가설이 성립하지 않는 등) 거시펀더멘탈과 괴리되어 있는지에 대한 의문을 나타내는 환율단절퍼즐(exchange rate disconnect puzzle; Meese and Rogoff(1983))을 설명하기엔 충분하지 않다.

  다음으로 통화주의 모형의 간단한 예를 소개한다. 먼저 자국과 타국 양국의 통화량(M, $M*$) 및 실질 소득(Y, $Y*$)과 양국간 이자율 격차($i-i*$) 등을 정의한다. 다음으로 일물 일가의 법칙에서 유도되는 구매력 평가설을 양국 간의 물가의 비로 식(2.1)과 같이 정의한다.

  통화론적 모형에서는 단기적으로 가격의 경직성 및 장기 신축성이 가정된다. 다음으로 통화론적 접근은 물가가 화폐시장 균형에서 결정됨을 가정하는데, 화폐시장 균형은 통화량을 물가로 나누어준 실질화폐공급(M/p)과 이자율과 소득에 의해 결정되는 실질화폐수요(L)가 일치할 때 이루어진다. 여기서 실질화폐수요는 거래적 수요를 반영하는 실질 소득에 비례하며 채권 보유의 기회비용인 이자율에 반비례하는 역함수로 다음과 같이 주어진다.

$$M/p = L(Y, i) \ (\text{자국}) \tag{2.2}$$
$$M*/p* = L*(Y*, i*) \ (\text{타국}) \tag{2.3}$$

식 (2.2)와 (2.3)을 물가에 대해 풀면 다음의 식이 얻어진다.

$$P = M/L(Y, i) \ \text{(자국)} \tag{2.4}$$
$$P* = M*/L*(Y*, i*) \ \text{(타국)} \tag{2.5}$$

마지막으로 식 (2.4)와 (2.5)를 구매력 평가설 (2.1)에 삽입하면 환율에 대해 다음 식이 성립한다.

$$S = \{M/L(Y, i)\}/\{M*/L*(Y*, i*)\} \tag{2.6}$$

한편 (2.6)과 같이 구매력 평가설을 이용하는 통화론적 접근은 가격의 단기 경직성 가정하에 통상 환율의 장기 모형으로 일컬어진다. 통화론적 접근은 이자율 평가설의 환율예상을 결정하는 방식으로 가정되기도 한다.

2.5 실질환율을 추가한 일반적 환율결정이론

그런데 구매력 평가설 등 통화론적 접근만으로 환율 변동을 설명하기 어려운 점을 감안하여, 환율 결정이론에서는 실질환율[35] 등, 비통화론적 요소(또는 충격)를 추가로 고려한 접근이 이루어지고 있다. 이러한 실질환율 등, 비 통화론적 요소는 발라사−사뮤엘슨 효과와 같은 생산성 충격과 재정정책의 변화와 같은 수요충격 등 실물충격을 포함하고 있으며 따라서 실물충격도 환율에 장기적인 영향을 미칠 수 있다고 주장되고 있다.[36]

이론적으로 P_{KR}을 원화 표시 한국물가, P_{US}을 달러화 표시 미국물가, S를 원/달러 명목환율로 정의할 때, 실질환율 q는 다음과 같이 미국 배스킷당 한국

---

35) 명목환율이 화폐 간 교환비율이라면 실질환율은 재화 간 교환비율이다.

36) "most changes in real exchange rates are due to real shocks with a large permanent co-mponent. Because of the high correlation of nominal and real exchange rate changes the evidence is consistent with that most changes in nominal exchange rates are caused by largely permanent real disturbances." Dornbusch(1998, p. 18) 참조.

배스킷의 교환비율로 정의된다.[37]

$$q = \frac{S_{W/\$} \times P_{US}\$/\text{미국배스킷}}{P_{KR}W/\text{한국배스킷}} \tag{2.7}$$

여기서 q는 화폐 간 교환 비율인 명목환율과 달리 국가 간 재화 배스킷 물물교환비율을 나타낸다. 만일 $q = 1$이면 구매력 평가설이 성립하는 경우이다. 그러나 일물 일가의 성립의 경우보다 일반화된 상황에서 구매력 평가설이 성립하는 것이 반드시 제약되지는 않는다.[38]

그러면 실질환율의 변동은 어떻게 명목환율 변동에 영향을 미치는가? (2.7) 식은 명목환율 $S_{W/\$}$에 대해 다시 쓰면

$$S_{W/\$} = q \times \frac{P_{KR}}{P_{US}} \tag{2.8}$$

와 같이 쓸 수 있으며 실질환율 q는 명목환율 $S_{W/\$}$에 영향을 미칠 수 있다. 이러한 실질환율의 역할은 물가나 통화량 이외의 요인이 환율에 영향을 미칠 수 있는 여지를 제공한다.

아래 <그림 2.5>에서는 생산물 시장의 균형실질이자율의 결정 과정을 보여준다. 여기서 단기적으로 실질환율에 불변인 수직인 공급곡선을 가정하며, 다음으로 q의 상승, 즉 한국재화의 상대가격 하락은 한국재화에 대한 상대적 수요(Y_{KR}/Y_{US}로 표시) 증가를 가져오므로 실질수요 곡선은 우상향한다고 가정한다.

다음으로 예를 들어 생산성 증가로 인한 한국의 미국대비 상대적 생산증가는 장기적으로 실질환율의 상승과 이에 따른 명목환율의 상승을 가져오게 된다. 즉, 한국재화 미국 대비 상대적 공급 비율(Y_{KR}/Y_{US})의 증가($RS \rightarrow RS'$)가 균형실질환율의 상승을 초래하는 것을 보여 주고 있다. 한국재화의 미국대비 상대적 수요 감소($RD \rightarrow RD'$)도 동일한 결과를 가져올 수 있다. 이는 식 (2.8)을 통하여 명목환율 상승으로 연결된다.

---

37) 여기서 배스킷당 물가는 일종의 물가지수로 해석할 수도 있다.

38) 완전히 동일한 넥타이라 하더라도 프랑스산은 다른 나라 제품과 비교하여 1:1로 교환되지 않는 상황이 있을 수 있다. 즉, 비가격적인 선호 등이 실질 환율 결정에 작용할 수 있다. 예를 들어, 한류의 대두는 한국 상품에 대한 선호증가로 한국제품의 실질절상이 일어날 수 있다.

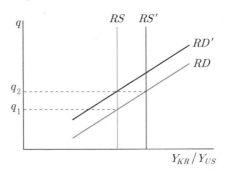

〈그림 2.5〉 균형 실질환율의 이동

2.6 중앙은행의 외환시장 개입

　자산가격으로서의 환율은 국가 경제에 중요한 경제변수이나 외자 유출입에 따라 변동성을 보일 수 있으며 이는 심리적 요인에 크게 증폭될 소지가 있다. 이에 따라 정책당국은 외환시장 개입을 통하여 일시적인 변동성을 제어(smoothing operation)하려는 목적으로 외환시장에 개입하고 있다.[39] 중앙은행의 외환시장개입은 환율결정의 또다른 중요요인이다.

　특히 외환위기나 글로벌 금융위기 기간같이 외국인 투자 유출 가능성이 큰 경우 정책 당국의 큰 폭의 외환시장 개입이 있어 왔으며 그 효과에 대한 논란이 제기되고 있는 형편이다. 이는 외환 보유액이(소규모 개방) 국가경제의 파탄을 막기 위한 최후의 생명선으로의 기능을 가지고 있기 때문이며 따라서 외환시장 개입의 효과는 환율 결정에 중요한 요소의 하나이다.

　이와 관련하여 통상 외환시장 개입이 환율에 미치는 경로로 제시되는 것은 직접적인 외환공급을 통한 경로와 포트폴리오 효과, 신호효과 등을 통한 간접적인 경로가 있으며 이중 신호효과는 외환시장 개입이 당국의 정책의도를 시장에 알리는 수단으로 이용되어 환율에 영향을 미칠 수 있다는 것이다.

　이중 신호효과는 중앙은행의 개입의도 해석과 관련하여 환율 예측에 주의

---

39) 환율 변동성이 실물경제에 미치는 영향에 대해서는 Aristotelous(2001)와 Secru and Uppal(2000), Baak(2004), 강삼모·이창수(2005), 이재득(2006), 강삼모(2007), 유재원·김태준(1998) 등을 참조.

를 요한다. 이와 같은 외환시장 개입은 평상시에는 중앙은행의 외환 매도(매입) 개입은 외환 공급 증가를 가져와 환율을 하락시키게(상승시키게) 된다. 그런데 외환위기 시에는 외환시장 개입이 의도하지 않은 신호를 시장에 주어 이러한 기능이 왜곡될 가능성이 있다. 예를 들어, 시장 펀더멘탈이 악화하고 있는 금융위기 시점의 외환 매도개입은 정책당국이 외국인 투자 회수 및 유출을 예상하고 있다는 신호를 시장에 주어 외환 가수요와 이에 따른 환율 상승을 초래할 수 있으며, 이는 정책개입이 시장의 기대를 변화시켜 개입효과를 변화시킬 수 있다는 루카스 비판이 적용되는 사례라 할 수 있다. 이러한 가능성은 외채나 외환시장 개입 자료 등을 공개하지 않는 등 외환관련 정보를 통제하는 개도국들의 경우 더 커질 수 있으며 이 경우 정책 당국과 시장 간의 정보 비대칭성이 선진국에 비해 더 크다고 할 수 있다.[40]

또한 이런 메커니즘은 시장 참가자의 예상이 정부의 개입으로 바뀌면서 원래의 정책의도와 효과의 반대 결과를 초래할 수 있다는 고전적인 루카스 비판(1976)의 맥락에서도 이해할 수 있다. 좀 더 구체적으로 보장되지 않는 이자율평가설(uncovered interest parity)은 환율 상승은 투자자산의 외화표시 예상 수익률을 떨어뜨려 외국인 투자 유출 요인이 된다. 환율 상승 추세를 저지하기 위한 정책당국의 외환 매도는 '정책당국이 외국인 투자 유출을 우려한다'는 신호를 시장에 주어 외환 가수요를 부추길 소지가 있는 것이다.[41] 물론 이러한 정책의도와 효과의 괴리가 경제 펀더멘탈이 악화되는 시점에서 발생할 경우 맹목적인 외환시장 개입은 귀중한 외환 보유액의 손실은 물론 최악의 경우 외환위기를 초래할 수 있다. 한편 외환시장 개입은 준비자산(외화)를 매각 또는 매입함으로써 통화 공급측면에서는 공개시장조작과 동일한 효과를 갖는다. 이에 따라 외환시장 개입에 따른 통화량 변화를 제거하기 위해 반대 방향의 외환시장 개입을 수행하여 물가 변동 가능성을 사전에 차단하기도 한다. 이를 불태화 외환시장 개입이라 한다.

---

[40] 정책당국과 외환시장 참가자 간의 정보 비대칭성은 정보가 공공재로서 공유되는 경우에 비해 Akerlof(1970) 등이 주장한 대로 여러 가지 비효율성을 가져올 가능성이 높으며 특히 금융위기 시 등의 투명성이 떨어지는 경우 더 크게 나타날 가능성이 크다.

[41] Krugman(1979)의 제1세대 외환위기 모형도 이 가능성을 제시하고 있는데 외환 보유액이 충분하지 못해 중앙은행이 목표환율을 유지할 수 없다고 예상되면 자국 통화를 매도하는 투기적 공격이 일어나면서 외환위기가 발생한다.

한은 "정부의 외환시장 개입, 환율변동성 완화에 도움"

정부가 급격한 환율 변동에 대비하기 위해 달러를 매입·매도하는 방식으로 외환시장에 개입하는 것이 환율 변동성을 완화하는 데 유의미한 영향을 미쳤다는 분석이 나왔다. 한국은행은 3일 이같은 내용을 담은 'BOK 경제연구: 우리나라 외환시장 오퍼레이션의 행태 및 환율변동성 완화 효과' 보고서를 발표했다.

보고서에 따르면 정부의 외환시장 개입은 환율변동성을 완화하는 데 유의미한 영향을 미쳤다. 분석대상기간(2005년~2018년) 정부의 외환보유액을 근거로 추측한 결과 1억달러 상당의 매입으로 환율변동성(월평균 일일 환율변동률)이 0.003%P 완화됐다. 특히 변동률 상위 80~99% 구간에서 환율 변동률은 약 0.01P% 줄었다. 일시적으로 강한 환율 충격에 개입할 때 환율 안정화 효과도 컸다는 뜻이다. 분석대상기간 일평균 환율변동률은 0.45%였다.

다만 외환시장 개입 효과는 지속기간이 단기(1~2개월)에 그쳤다. 외환시장 개입이 환율안정화를 위한 장기적 수단이 아니라 일시적 환율충격에 따른 시장불균형을 해소하는 데 효과적이라는 의미다. 일시적인 국제금융시장의 충격으로 국내경제 안정성이 위협받을 때 외환시장 개입이 통화정책을 보완하는 중앙은행의 추가적인 정책수단이 될 수 있다고 보고서는 설명했다.

우리나라 외환시장 개입은 '리닝 어게인스트 더 윈드(역풍)' 방식으로 움직여 온 것으로 나타났다. 1994년부터 2018년까지 외환보유액을 놓고 실증분석한 결과 원화절하(환율상승) 시 원화를 매입하고 외화를 매도하는 모습을 나타냈다. 환율이 급격히 치솟으면 개입을 통해 이를 내리려 하고, 급락하면 이를 올리려 해 반대 방향으로 움직인다는 의미다.

외환시장 개입은 금융위기가 포함된 기간에는 원화절하(환율상승)에 민감하게 반응하고, 비포함시에는 원화절상(환율하락)에 보다 민감하게 반응한 것으로 추정된다. 수출주도인 경제구조 특성상 평상시에는 원화 가치 상승에 민감할 수밖에 없지만, 금융위기 당시에는 원화 가치하락으로 자본유출 우려가 심화됐기 때문이다.

외환시장 개입은 구두 개입과 직접 개입(실개입)으로 나뉜다. 구두 개입은 정부나 중앙은행이 외환시장에 개입하겠다는 의사를 밝혀 외환시장을 안정시키는 방법이다. 직접 개입은 외환 당국이 직접 시장에 개입하는 것을 의미한다. 보고서는 실개입에 대한 행태와 실증분석을 다뤘다.

보고서는 "실증분석 결과 외환시장 개입이 원·달러환율의 변동성을 완화시킨 것으로 나온 것은 실제 개입과 함께 환율변동성 완화에 대한 외환당국의 의지가 경제주체들에 잘 전달된 것이 일부분 기여한 것으로 보인다"고 평가했다. 〈조선비즈 2020.2.3.〉

다음 장에서는 환위험의 종류를 알아보고 이를 어떻게 측정되어야 하는가에 대해 논의하기로 한다.

연 / 습 / 문 / 제

1. (   ) 안을 채우시오.

   a. 일물 일가의 법칙이 성립하지 않는다면 누구나 (   )를 통하여 이익을 볼 수 있다.

   b. (   )은 자국의 대표재화바스켓의 가격과 외국의 대표재화가격 바스켓의 가격이 동일하다는 가설이다.

2. KOR₩/US$ = 1,200이며 BR£/US$ = 0.8인 경우를 생각하자. 이 경우 원/파운드 환율은 교차환율로 구하면 얼마인가?

3. 환율이 파운드/달러 = 1,000, 파운드/원 = 800 및 유로/원 = 1,200인 경우를 생각하자. 이 경우 달러/유로 환율은 교차환율로 구하면 얼마인가?

4. 다음 사항이 맞는지 ○ 또는 ×로 표시하고 설명하라.

   a. 엔/달러로 환율을 표시하는 것은 유럽식 표현이라고 할 수 있다.

   b. 교차환율로 환율을 구할 수 있는 이론적 근거는 이를 벗어나는 부분은 차익거래를 통해 소거되기 때문이다.

   c. 상대적 구매력 평가설이 성립하지 않더라도 절대적 구매력 평가설은 성립한다.

   d. 경제 내 모든 재화에 대해 일물 일가의 법칙이 성립하더라도 재화 가중치가 서로 다르면 절대적 구매력 평가설이 반드시 성립한다고 볼 수는 없다.

   e. 달러/원으로 환율을 표시하는 것은 유럽식 표현이라고 할 수 있다.

   f. 교차환율로 환율을 구할 수 있는 이론적 근거는 이를 벗어나는 부분은 차익거래를 통해 소거되기 때문이다.

   g. 상대적 구매력 평가설이 성립하지 않더라도 절대적 구매력 평가설은 성립한다.

   h. 경제 내 모든 재화에 대해 일물 일가의 법칙이 성립하더라도 재화 가중치가 서로 다르면 절대적 구매력 평가설이 반드시 성립한다고 볼 수는 없다.

환위험의 종류와 측정

환위험 헷지론

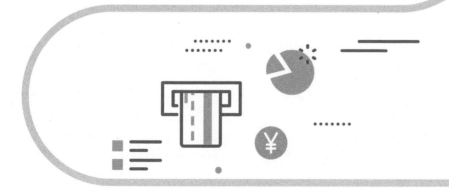

03

환위험의 종류와 측정

이번 장에서는 기업이 당면하는 환위험의 종류와 노출 정도를 측정하는 방법을 소개하고자 한다.

업무 성격에 따른 환위험 노출의 종류

업무형태로 구분하는 환노출의 종류에는 거래 노출, 운용 노출(경제적 노출) 및 환산 노출 등이 있다. 이중 거래 노출이 기업에게 가장 중요하며 이는 여타 두 가지는 경영 목표 상의 하위 개념으로 간주될 수 있기 때문이다.

먼저 거래 노출(transaction exposure)은 과거의 거래나 계약에 의해 발생되며 미래의 현금흐름이 이미 확정된 것을 말한다. 예를 들어, 과거의 수출, 수입, 차입 및 대출의 원금과 이자, 선도환 계약, 해외 자회사의 현지국에서의 판매와 구입 등으로 외화 현금흐름이 발생한 것을 말한다.

다음으로 운용노출(operating exposure)은 환율변동에 따른 미래의 현금흐름(미래의 수익과 비용)의 변화를 의미하며 경제적 노출(economic exposure)이라고도 한다. 환노출의 발생시점으로 구분하면 거래노출은 과거에, 운용노출은 미래에 발생한다는 데에 차이가 있다. 운용노출은 환율 변동이 기업의 경쟁관계, 가격, 원가 및 판매량 등 미래의 경영 및 영업환경에 영향을 미친다는 점과 관련이 있다. 예를 들어, 환율변동으로 인한 자국화의 가치상승은 수출을 감소시킨다. 그러나 여기서 실질 환율의 변화가 없으면 명목환율 변동은 기업의 수익에 영향을 미치지 못한다는 점에 유의할 필요가 있다. 예를 들어, 자국 물가(임금)가 20% 상승할 때 타국물가가 0% 상승하고 동시에 환율이 20% 상승하는 경우, 상대적 구매력 평가설에 따라 실질환율은 변하지 않게 된다. 이 경우 국내 수출기업의 입장에서는 자국화표시 수출가격과 임금 등 원가가 모두 20% 상승하여 실질환율은 변동이 없고 환율변동에 따른 최종 손익은 0이 된다.

경제적 노출은 시장 선택, 원자재 및 부품 조달, 생산설비 및 자금 조달을 여러 국가로 다변화하여 낮은 수준으로 관리할 수 있다. 이는, 즉 포트폴리오 선택이론의 분산을 통한 리스크 감소 효과를 유도하는 방식이다.

다음으로 이러한 환노출을 줄일 수 있는 방법을 소개하고자 한다. 먼저 A화 표시 수출로 A화에 대한 + 노출이 우려되는 경우 부품 및 원자재를 A화 표시로 수입하여 − 노출을 늘려 경제적 노출을 줄일 수 있으며 이를 '매칭(matching)'이라 한다. 또 다른 매칭의 예는 특정 통화표시 자산 노출은 해당 통화 부채로 축소하는데 가령 해외 설비투자 시 증가하는 자산은 현지통화로 차입하는 것이다. 이와함께 원/달러 환율 상승 예상 시에는 달러결제 지급을 서두르고, 환율 하락 예상 시에는 지급을 늦추는 방식의 '리딩' 또는 '래깅' 전략을 쓰기도 한다. 그러나 이와같은 방식은 거래 상대방이 있어 시행이 어려울 수 있으며 근본적인 환위험 해결 방법이 아닌 부차적인 헷징 방식이다. 다음의 기사를 참조하자.

 [경제기사로 얻는 금융시장 지식]

약화된 엔저효과

이번 4차 엔저 쇼크는 일본의 아베노믹스가 의도적으로 만들어낸 엔저다. 일본의 장기 불황 등의 구조적인 원인이 아니라 경기 부양을 목적으로 만들어졌다. 하지만 이번 엔저는 글로벌 경제 상황과 한·일 경제의 기초체력 격차 완화 등으로 인해 과거의 엔저와는 다른 모습을 보이고 있다. 우선, 엔저의 영향이 약화됐다. 중소 수출기업의 어려움이 가중되고 있긴 하지만, 엔저가 시작된 지 2년이 돼 가도록 우리나라의 경상수지 흑자 기조가 꺾이지 않았다. 1차 엔저(1989~1990년) 당시에는 1988년 148억달러 흑자였던 경상수지가 1989년에는 3분의 1 토막이 됐다. 하지만 이번 4차 엔저의 경우는 우리나라 경상수지가 지난 8월까지 30개월째 흑자 행진을 이어가고 있다. 지난해에는 790억달러를 넘는 사상 최대의 경상수지 흑자를 기록하기도 했다. 이처럼 엔저의 영향이 약화된 것은 해외 생산 확대 등 양국의 산업 구조 변화와 경쟁력 구도가 달라진 것이 요인이다. 〈조선일보 2014.10.1.〉

마지막으로 환산노출(translation exposure)은 회계적 노출이라고도 하며 해외 자회사의 재무제표를 현지국의 통화로 작성하면서, 현지국 통화로 작성된 해외 자회사의 재무제표를 자국화로 환산하는 과정에서 환율 변동으로 재무제표가 영향을 받음으로 인해 발생한다.

즉, 환산노출은 본사와 해외 자회사의 재무상태를 통합하여 나타내는 연결재무제표(consolated financial statements)는 작성 시점에 예상하지 못한 환율변동으로 재무제표가 영향을 받는 것을 나타낸 것이다. 환산노출 규모는 노출된 자산에서 노출된 부채를 차감하여 계산한다. 이 경우 외화자산 또는 부채의 원화환산에 적용되는 환율은 현행환율 또는 역사적 환율의 두 가지 중 하나로 하게된다. 현행환율은 대차대조표 작성일의 환율을 말하며 역사적 환율은 자산의 취득시점이나 거래가 발생했을 시점의 과거 환율이다.

한편 환산 노출의 측정 방법은 현행환율법과 화폐성/비화폐성법이 있다. 먼저 현행환율법(currency rate method)은 모든 자산과 부채를 현재 환율로 환산하지만, 자본금 또는 손익계산서 항목 등은 역사적 환율로 환산하여 환산 노출 계산의 대상에서 제외하는 방법이다. 이 방법은 회계기준인 역사적 원가주의와는 불일치하는 단점이 있다.

다음으로 화폐성/비화폐성법(monetary/non-monetary method)은 화폐성 자산(현금, 채권 주식 등 유가증권, 외상매출금)과 화폐성 부채(유동부채, 장기차입금)는 현행 환율로 환산하되 이를 제외한 나머지 항목은 역사적 환율로 환산하는 방법을 말한다. 이에 따라 화폐성 자산과 부채만이 환산 노출 계산의 대상이 된다. 이는 재고자산 또는 고정자산 같은 낮은 유동성의 비화폐성 자산의 가치는 장기적으로 현행환율의 영향에 민감하지 않음을 반영한다.

환산 노출을 관리하는 방법은 대차대조표 헷지를 통하여 환위험 노출 자산과 노출 부채가 같도록 만들거나, 환산노출이 0이 아닌 경우 금융계약을 통하거나 선도환이나 통화옵션 등으로 헷지하는 것이다.

마지막으로 환산노출 관리에서 발생하는 딜레마 중 하나는 경제적 노출 관리와의 충돌이 발생할 수 있다는 점이다. 즉, 환산노출을 0으로 만드는 것이 반드시 경제적 노출을 줄이는 것은 아니기 때문에 발생한다. 환산 노출이 장부상의 영향에 국한된다고 본다면 경제적 노출의 관리가 기업에는 더 중요할 수 있다.

한편 개인과 기업은 위험의 확률과 가치를 제대로 평가해야 경제적인 헷징을 할 수 있다. 이는 환 헷지 상품의 구입에는 비용이 소요되므로 따라서 적절한 위험의 가치평가가 우선시 됨을 의미한다. 보험을 예로 들면 발생가능한 모든 질병에 대한 의료 보험에 가입하는 것은 비효율적이며, 대신 가족력 등을 파악하여 발생확률이 높은 질병에 보험을 가입하는 것이 필요할 것이다. 이와 마찬가지로 환위험 헷지에도 경제성이 중요한 고려 요소가 되는 것이다.

이런 관점에서 다음 절들에서는 동일업무 내에서 환위험을 정량적으로 측정하는 방법들을 소개하고자 한다.

3.2 분산을 통한 측정

경제학적인 의미에서는 위험(risk)이란 자산 가치(x)가 확정되지 않아 확률을 가지고 변화(random)할 경우 발생한다. 통상 위험은 분산(variance)을 이용하여 측정하며 기대값 $E(x)$으로부터의 평균적 이탈 거리의 제공의 기댓값(평균과 분산의 정의)을 말한다.

$$분산(variance) = E[x - E(x)]^2$$

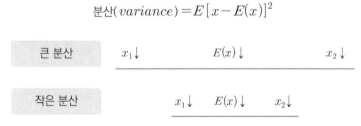

〈그림 3.1〉 변수의 기댓값으로부터의 이탈 크기와 분산의 크기

예를 들어, 다음의 보기에서 주당 백만원인 삼성전자 주식 1주의 경우 동일한 기댓값에 보기 2의 분산이 더 크다.

[보기 1] 주가가 10만원 상승 확률 1/2,
10만원 하락 확률 1/2의 경우
　　　➡ 기댓값=100만원, 분산 100만원 (경우 A)

[보기 2] 주가가 5만원 상승 확률 1/2,
5만원 하락 확률 1/2의 경우
　　　➡ 기댓값=100만원, 분산 25만원 (경우 B)

위의 예에서 보듯 위험으로서의 분산의 정의에서 중요한 것은 가치 하락만이 아니라 가치상승 역시 위험에 포함되는 것에 유의하여야 한다. 특히 기업의 입장에서 환위험 관리는 투기와는 다르며 변동성 제거가 기업에 중요하다는 점을 확실히 해야 한다. 이 대원칙을 무시하는 경우 KIKO 사태와 같이 환위험 관리가 아닌 수익성을 우선시하여 건전한 기업 경영을 해칠 우려가 있다. 따라서 기업의 환헷지 담당 부서의 매뉴얼에 이와 같은 원칙을 명확히 선언해 놓을 필요가 있다.

📊 참고 3.1

조건부 분산은 현재 시점의 주어진 정보를 기준으로 평가한 분산이다. 조건부 분산은 시계열 모형(time series model)에서 R. Engle이 도입한 ARCH(autoregressive conditional heteroskedasticity)로 주어지며 위험을 평가한다. ARCH는 위험 분석 및 예측 등에 사용되어 금융경제학에서 주가나 환율 등 자산가격의 위험 분석에 중요하다. EVIEWS 등 통계패키지를 이용하여 ARCH를 쉽게 추정 또는 예측할 수 있다.

한편 자신의 (환)위험에 대한 성향에 대한 평가가 선행되어야 제대로 된 헷지가 가능하다. 그런데 사람의 취향에 따라 위험을 회피(averse), 중립(neutral) 또는 선호(love)할 수도 있으며 이는 소득에 따른 효용함수의 형태로 나타난다. 일반적인 경우 위험을 회피하지만 투기자의 입장에서는 위험을 오히려 선호할 수 있다.

한편, 앞서의 <예제 3.1>에서 제시된 두 가지 선택 A, B에 대한 선호 순서는 동일한 기댓값을 가지는 상태에서 위험에 대한 자세를 기준으로 다음과 같이 분류가 가능하다.

위험 선호: $A > B$ (높은 손실과 높은 수익이 모두 가능한 경우 선호)

위험 중립: $A \sim B$

위험 회피: $A < B$ (작은 손실과 작은 수익이 가능한 경우 선호)

x를 비확률적으로 고정된 재화의 양으로 정의할 때 여기서 개인이 느끼는 만족감을 나타내는 효용함수는 $u = u(x)$로 <그림 3.1>과 같이 주어진다고 하자. 그런데 이 효용함수의 형태와 위험 선호는 밀접하게 관련되어 있다.

그런데 이 점을 설명하기에 앞서 로또, 외화와 같이 그 가치가 고정되지 않고 확률적으로 주어지는 재화 또는 자산의 효용을 정의하는 것은 직관적이지 않다는 점이 중요하다. 예를 들어, 1달러를 보유하고 있는 경우 이를 매도할 미래 일정 시점에 환율이 900원(사과 1개 구입가능)일 확률이 1/2, 1,800원(사과 2개 구입가능)일 확률이 1/2인 경우 1달러의 효용을 어떻게 정의할 것인가? 하는 의문이 있을 수 있다. 사람은 효용을 비확률적으로 주어진 재화의 물리적 사용(예 사과를 먹는 일)에서 얻기 때문이다. 사용할(또는 먹을) 수도 안할(또는 안먹을) 수도 있는 재화에서 사람은 어떤 효용을 느끼며 이는 어떻게 정의되는가?

이에 대한 답으로 경제학은 확률적으로 결정되는 자산가치에 대한 기대효용(expected utility)을 제시한다. 즉, 어떤 재화 또는 자산이 p_1의 확률로 x_1 또는 $p_2(=1-p_1)$의 확률로 x_2의 가치를 지닐 때 기대효용은 $p_1 u(x_1) + p_2 u(x_2)$으로 주어지는데 이를 von Neumann-Morgenstern 효용함수라고 한다. 예를 들어, 위험 기피자의 효용함수가 $u(x) = x^{1/2}$로 주어지는 경우 보유하는 1달러의 기대 효용은

$$E[u(x)] = 1/2 (900)^{1/2} + 1/2 (1,800)^{1/2}$$

가 된다.

그러면 이런 기대 효용은 어떻게 자산 소유자의 행동에서 정당화 될 수 있는가? 이는 우리가 사전적으로는 재화의 양과 이의 소비에서 오는 효용이 확률적으로 주어지나 사후적으로는 서로 독립적인 데에서 가능하며 이를 독립 가정(independence assumption)이라 한다. 예를 들어, 독립 가정 하에 x_1의 소비가 주어지는 경우가 발생(예 동전을 던져 앞면이 나오는 경우) 시의 효용은 전적으로 x_1에만 의존하며, 다른 경우 발생시(예 동전을 던져 뒷면이 나오는 경우)의 소비 x_2와는 아무 상관이 없다. 또 화재가 발생하는 경우의 주택과 반대의 경우 주택의 효용은 서로 아무 상관이 없다. 일반적으로 확률적으로 주어지는 재화의 효용 함수는 $u(x_1, x_2, p_1, p_2)$로 주어지는데 독립 가정을 만족시키는 형태이려면 앞서 제시한 기대효용의 형태[즉, $p_1 u(x_1) + p_2 u(x_2)$]를 가져야 한다.[42]

그런데 위험에 대한 개인의 성향은 소득이 늘어남에 따라 만족감(효용, utility)이 늘어나는 속도와 밀접히 관련되어 있다. <그림 3.2>와 같이 소득 증가에 따라 효용 증가 속도가 줄어들어 곧 효용 체감인 경우 위험 회피 성향(risk aversion)을 가지며, 소득 증가에 따라 효용 증가 속도가 변하지 않는 경우는 위험 중립(risk neutral) 성향을, 자산 증가에 따라 효용 증가 속도가 늘어나는 경우 효용 체증인 경우 위험 선호(risk prefer) 성향을 가진다고 볼 수 있다.[43]

---

42) 그런데 Allias(1953)은 현실에서 이러한 기대효용 기반 선호 이론에 위배되는 경우를 발견하였으며 이를 Allias paradox라 한다.

43) 두 점 $(x_1, u(x_1))$과 $(x_2, u(x_2))$를 연결하는 선이 x_1을 p_1, x_2를 p_2의 확률로 부여하는 재화의 기대효용을 나타내는 직선이다. 이때 기대효용은 $u(x_1)$과 $u(x_2)$를 p_1과 p_2로 분할하는 점에 해당한다.

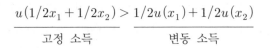

$$\underset{\text{고정 소득}}{\underline{u(1/2x_1 + 1/2x_2)}} > \underset{\text{변동 소득}}{\underline{1/2u(x_1) + 1/2u(x_2)}}$$

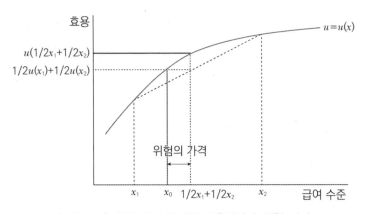

〈그림 3.2〉 소득 증가에 따른 효용체감과 위험 기피

<그림 3.2>에서와 같이 소득 증가에 따라 효용 증가 속도가 줄어드는 효용 체감인 경우(즉, 효용함수가 오목(concave)한 경우), 고정으로 $p_1 x_1 + p_2 x_2$의 확정 소득을 얻는 경우의 효용이, p_1의 확률로 $u(x_1)$ 또는 p_2의 확률로 $u(x_2)$의 소득을 얻는 것보다 높은 효용을 얻게 되는 것을 알 수 있다. 이 경우 오목한 효용함수가 위험 기피를 나타낸다.

그런데 이러한 효용함수의 형태를 통해서도 효용으로 평가한 자산의 위험을 측정할 수 있다. 즉, 위의 예에서 $p_1 x_1 + p_2 x_2$의 확정 소득에서 일정 소득을 차감하면 기대 효용과 같아지게 된다. 이 차감된 소득은 효용의 변동이라는 위험을 제거하기 위해 지불해야 하는 비용, 즉 위험의 가격$(c = \dfrac{1}{2}x_1 + \dfrac{1}{2}x_2 - x_0)$으로 볼 수 있다.

$$u(1/2x_1 + 1/2x_2 - c) = 1/2u(x_1) + 1/2u(x_2)$$

한편 다음 장에 서술하는 환 위험을 제거하기 위한 선도환이나 환 변동 보험 등의 가격은 이런 이론적 기초 하에 책정된다고 할 수 있다.

고정급과 성과급에 대한 선호는 소득 증가에 따른 직업선택의 변화에서도 나타난다. 공무원을 대기업 직원보다 선호하는 현상은 일반적인 소득 수준이 높아짐에 따라 급여의 효용이(소득 수준 증가에 따라) 체감하는 데서 올 수 있다. 70, 80년대 대기업이 인기, 초등학교 교사의 경우 별로 인기가 없었다. 위험의 가격은 교사가 되기 위해 감수하는 대기업 급여의 감소분이 된다.

한편 위의 <그림 3.2>에서 위험 회피 정도(즉, $u(p_1 x_1 + p_2 x_2) - p_1 u(x_1) - p_2 u(x_2)$는 효용함수가 더 오목할수록 더 커지게 되는 것을 알 수 있다. 이에 따라 개인의 위험 회피 정도는 $-xu''(x)/u'(x)$로 나타내는데 이를 Arrow-Pratt 상대적 위험회피 정도라 한다. 보유외환의 원화 가치 변동성이 커지면 기업의 재무 상태가 나빠지는 정도가 빨리 증가하는 경우가 Arrow-Pratt 상대적 위험회피 정도가 큰 경우라고 할 수 있을 것이다.

효용함수가 소비량 x의 함수로 $u(x) = x^{1-\alpha}$로 주어진다고 하자. 이 경우 Arrow-Pratt 상대적 위험회피 정도는 α로 주어짐을 확인할 수 있다.

효율적 시장가설이 금융위기 이후 자산가격의 동태적 특성을 설명하는 데 한계가 있다는 인식이 확산되면서 심리적 요인에 좀 더 주목하는 행동경제학적 접근이 대두되고 있다.

예를 들어, Kahneman and Tversky(1979)의 실험 심리학적 발견인 전망이론(prospect theory)에 따르면 투자자들은 이익이 예상되는 자산가격변동에는 위험회피적(오목한 효용함수)으로, 손실이 예상되는 변동에는 위험추구적(볼록한 효용함수)으로 행동하는 것으로 알려져 있다. 이에 따라 손실까지 고려한 효용함수는 <그림 3.3>에서 보듯 S자형을 띠게 된다.

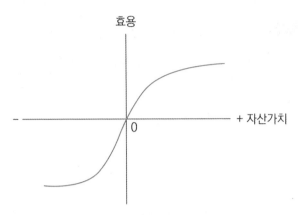

효용

- ———————————————— + 자산가치
0

〈그림 3.3〉 전망이론의 S자형 효용함수

이 이론에 따르면 투자 자산으로서 외화를 보유하는 사람은 가치가 상승한 외화는 매각, 가치가 하락한 외환은 계속 보유를 선택하는 성향을 가질 것으로 예상(이른바 처분성향, disposition effect)된다. 전망이론은 최근의 행동경제학의 이론적 배경 중 하나가 되고 있다.44) 이런 배치 효과만을 감안한다면 예를 들어, 급등한 원/달러 환율은 급락할 가능성이 있으나 급락한 원/달러 환율은 급등의 가능성이 적다고 할 수 있다.

---

44) 이는 재무이론에서 Shefrin and Statman(1985), Odean(1998) 이래로 언급되는 처분성향효과(disposition effect)와 관련이 있다.

VaR(Value at Risk)를 통한 위험측정

환위험(risk)의 측정은 환율의 분산, 효용함수의 형태만이 아니라 재무이론에서 잘 알려진 VaR(Value at Risk)을 이용할 수도 있다. VaR은 주어진 확률에서 발생가능한 환손실의 규모를 측정한다.

이 개념을 설명하면 예를 들어 X달러의 외화를 보유하는 경우 일정 시점 후의 원화 환산 가치는 그 시점의 예상 환율 S(원/달러)를 곱한 XS가 된다. 여기서 외화 X달러가 고정인 반면, 환율 S는 확률변수로 평균이 μ이고 표준편차가 σ인 정규분포(normal distribution)를 한다고 가정하자.[45] 그러면 보유 총외환의 원화 환산 가치 XS는 평균 $X\mu$이고 표준편차가 $X\sigma$인 정규분포를 하게 된다.

이 경우 외환의 원화 환산 가치 XS가 금액 c보다 적을(이는 기업 입장에서 환위험이 된다) 확률이 $a\%$인 경우 c를 $a\%$ VaR(위험에 처한 가치)이라고 정의한다.[46] 여기서 c는 어떻게 구할 수 있을까? 이를 구하기 위해 XS가 c보다 적을 확률을 다음 식과 같이 써 보기로 하자.

$$\Pr[XS < c] = a\%$$

위의 식은 정규화하여 표준정규분포를 이용할 수 있도록 다음과 같이 다시 쓸 수 있다.

$$\Pr[(XS - X\mu)/X\sigma < (c - X\mu)/X\sigma] = a\%$$

다음으로 위의 확률은 표준정규분포표(다른 분포라고 가정할 수도 있다)로부터 다음의 등식을 만족시키는 $z_{a\%}$를 구할 수 있다.

---

45) μ와 σ는 과거 환율 변동치로부터 측정할 수 있다. 이때 추정 기간은 외환위기 기간 같이 구조 변동이 있던 기간을 제외하는 것이 좋다. 또 엄밀하게는 $\log(S)$가 정규분포를 한다고 가정하는 것이 더 현실적이다. 이는 다음 장에서 추가로 논의하기로 한다.

46) 이는 통계학의 검정이론에서 사용하는 기각값과 동일한 개념이다.

$$(c - X\mu)/X\sigma = z_{a\%} \tag{3.1}$$

예를 들어, $a\% = 5\%$인 경우 $z_{a\%} = -2.58$로 주어진다. <그림 3.4>를 참조하라. 이 (3.1)식을 c에 대해 다시 풀어쓰면 $c = X(\mu + \sigma z_{a\%})$가 되며 이것이 $a\%$ VaR이 된다. 이는 다시 말하여, $a\%$ 확률로 보유 외환의 원화 환산 가치가 c 이하라는 말이다.

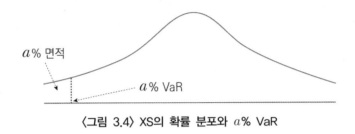

〈그림 3.4〉 XS의 확률 분포와 $a\%$ VaR

한편 $z_{a\%}$가 음인 경우, $a\%$ VaR는 원/달러 환율의 변동성인 표준편차 σ의 증가에 따라 음의 방향으로 증가하는 관계임에 유의하자. 즉, σ가 커질수록, $a\%$ 확률로 있을 수 있는 손실의 규모도 역시 커지게 된다. 따라서 VaR 역시 변동성 σ에 비례하여 커지는 보유 외환 가치의 위험을 평가하는 지표의 하나이다.

예를 들어, 원/달러 환율은 평균이 1,000원/달러이고 표준편차는 100원/달러라고 한다. 표준정규분포표에 따르면 5% 유의수준 기각값은 $z_{5\%} = -1.67$로 주어진다고 한다. 현재 100만 달러를 보유하고 있으면 이 보유외환의 5% VaR은 $c = 100$만 달러 $\times (1,000$원/달러 $- 100$원/달러 $\times 1.67) = 8$억 33백만원으로 주어진다. 곧 5%의 확률로 보유외환의 가치는 8억 33백만원 미만이다.

📋 예제 3.3

현재 500만 달러를 보유하고 있으며 원/달러 환율은 평균이 1,200원/달러이고 표준편차는 150원/달러라고 한다. 보유외환의 5% VaR은 얼마인가?

1. ( ) 안을 채우시오.

   a. 환산노출의 측정 방법 중 대차대조표의 모든 자산과 부채 항목은 현행 환율로 자본금은 역사적 환율로 환산하는 것을 ( )이라 한다.

2. 다음 사항이 맞는지 ○ 또는 ×로 표시하라.

   a. 현행환율법은 화폐성 자산과 화폐성 부채는 현행 환율로 나머지는 역사적 환율로 환산하는 것이다.

   b. 경제적 노출은 미래의 현금흐름이 확정된 것으로 과거의 거래나 계약에 의해 발생된다.

   c. 해외 자회사와의 연결 재무제표 작성 시에 적용하는 환율에 따른 환산노출은 경제적 노출의 대표적 예이다.

   d. 자산 증가에 따라 효용 증가 속도가 늘어나는 경우, 위험 기피 성향을 가진다고 볼 수 있다.

3. 원 달러 환율이 1,000원에서 1,200원으로 상승 예상, 이 경우 수출은 100만 달러에서 120만 달러로 증가가 예상되면 환노출은 얼마인가?

4. 효용함수가 $u = x^{1/2}$로 주어진다고 하자. 다음 질문에 답하여라.

   a. 이 사람은 위험 기피자 또는 선호자인가? 그 이유는?

   b. x가 9일 확률과 25일 확률이 모두 1/2라고 한다. 기대효용은 얼마인가?

   c. 얼마의 고정 x를 주어야 기대효용과 동일한 효용을 얻을 수 있나? 이 경우 위험의 가격은 얼마로 주어지는가?

   d. 효용함수가 $u = ax + b$로 주어진다면 위 ⅲ)의 답은 어떻게 달라지는가?

5. 효용함수가 $u = \ln(x)$로 주어진다고 하자. 다음 질문에 답하여라.

    a. 이 사람은 위험 기피자인가? 그 이유는?

    b. x가 $\exp(10)$일 확률과 $\exp(20)$일 확률이 모두 1/2이라고 한다. 기대효용은 얼마인가?

    c. 얼마의 고정 x를 주어야 기대효용과 동일한 효용을 얻을 수 있나? 이 경우 위험의 가격은 얼마로 주어지는가?

    d. 효용함수가 $u = ax + b$로 주어진다면 위 iii)의 답은 어떻게 달라지는가?

6. 효용함수가 $u(x) = x$라면 이 개인은 위험에 대해 어떤 선호를 보이는가? 설명하라.

7. 효용함수가 $u(x) = \log(x)$, $x > 1$라면 이 개인은 위험에 대해 어떤 선호를 보이는가? 설명하라.

8. 현재 500만엔을 보유하고 있으며 원/엔 환율은 평균이 120원/엔이고 표준편차는 20원/엔이라고 한다. 표준정규분포표에서 10% 이하의 면적을 나타내는 값은 −1.28이라고 한다. 보유외환의 10% VaR은 얼마인가?

9. 현재 1,000만엔을 보유하고 있으며 원/엔 환율은 평균이 100원/엔이고 표준편차는 20원/엔이라고 한다. 보유외환의 5% VaR은 얼마인가?

10. 현재 500만유로를 보유하고 있으며 원/엔 환율은 평균이 1,200원/유로이고 표준편차는 20원/유로라고 한다. 표준정규분포표에서 5% 이하의 면적을 나타내는 값은 −1.67이라고 한다. 보유외환의 10% VaR은 얼마인가?

11. z가 표준 정규분포를 하는 확률변수일 때 $\Pr[z < 1] = 0.84$이라고 한다. 보유자산으로 1달러와 1엔을 보유하는 경우, 이 자산의 원화표시 16% VaR은 얼마인가? 여기서 원/달러 환율은 평균이 1,000, 분산이 10, 원/엔 환율은 평균이 10, 분산이 6인 정규 분포를 하며 서로 독립이라고 한다.

환율변동의 예측

환위험 헷지론

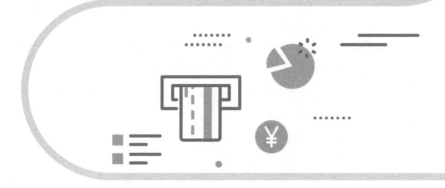

04
환율변동의 예측

4.1 환율예측의 의의

　이론적으로 환율변화를 완벽하게 예측할 수 있다면 환위험의 헷지는 불필요하다. 예를 들어, 달러를 매입해야 하는 수입업자의 입장에서 해외 수출업자에게 송금해야 하는 미래 시점에 달러화 가격이 확실히 하락한다면 지금 매입할 필요가 없으며 반대로 상승하는 것이 확실한 경우 지금 매입해야 할 필요가 있다. 이는 마치 특정 병에 안 걸릴 것을 확실히 알 수 있다면 해당 질환에 대한 보험 가입은 불필요한 것과 유사하다.

　더 나아가 환율변화를 잘 예측할 수 있다면 설혹 환위험을 헷지하더라도 유리한 조건에서 조치를 취하여 환위험의 헷지 비용을 최소화할 수 있다. 예를 들어, 선물환, 환변동보험의 경우 은행 수수료를 사용자가 부담한다. 또 KIKO 등 변형 통화옵션은 수수료가 없으나 위험 부담이 큰 경우로 기업들이 큰 피해를 입은 사례가 있다. 따라서 환율 변동이 크지 않을 것으로 예상된다면 헷지 비용을 줄이기 위해 무헷지 비율을 높이는 전략을 취할 수 있다.

　따라서 환위험 헷지 비용을 최소화하기 위해 우선적으로 환율 예측의 정확도를 높이는 것이 매우 중요하다. 이는 유병률이 높은 질병을 알 수 있다면 해당 질병만을 커버하는 보험에 선택적으로 들어 보험료를 낮출 수 있는 것과도

비슷하다. 왜냐하면 모든 질병을 커버하는 보험은 높은 비용을 필요로 하기 때문이다.

그런데 환율 변동은 주가처럼 기본적으로는 예측이 어렵지만 단기적으로 변동 범위는 구간 추정으로 구할 수 있다. 또한 이자율 변동과 밀접한 관련이 있으므로 이를 통하여 예측할 수도 있다. 즉, 환율 결정이론의 적용이 방향성 정도는 예측하는 데 도움이 될 수 있다. 이론을 잘 몰라 분명한 이동 방향마저 파악하지 못하여 손해 볼 필요는 없는 것이다.

아래 기사는 환율 예측의 어려움으로 환변동 보험의 판매가 중단되었다는 기사이다. 환변동 보험은 무역보험공사가 기업에 판매하고 이를 다시 은행에 재판매하여 다시 헷지하는 구조로 되어 있는데, 은행의 경우 환율 변동 예측을 하지 못하여 미래 수익구조를 알 수 없어 은행이 환변동 보험의 매입을 꺼리는 상황이 된 것이다. 이 경우 수출입 기업은 환변동보험 이외에도 여러 가지 헷지 수단을 준비하고 있어야 이런 상황에 대처할 수 있을 것이다.[47)]

 [경제기사로 얻는 금융시장 지식]

엇갈리는 환율 전망 … 수보, 환변동보험 판매 중단

한국수출보험공사(이하 수보)가 환 헤지(위험 회피) 금융상품인 환변동보험 판매를 일시 중단했다. 국제금융시장 경색이 주요 이유였지만 환율 전망이 어렵다는 것도 한몫했다. 환율, 아직 안심하긴 이르다. 14일 수보는 13일부터 환변동보험 가입 신청 받는 것을 잠정 중지한다고 밝혔다. 외화자금시장이 얼어붙으면서 은행이 공사의 환헤지 거래를 제한했기 때문이다. 환변동보험 인수 중단에는 다른 배경도 있었다. 공사 관계자는 "환변동보험 청약을 받으려면 기준이 되는 환율 전망이 나와야 하는데 은행에서도 믿을 만한 수치를 내놓지 못하고 있다"면서 "환율을 워낙 예측하기 어렵다보니 환변동보험 판매가 어려워진 것"이라고 설명했다.   〈헤럴드 경제 2010.4.2.〉

환율 변동을 예측하기 위해서는 환율제도의 변화도 주목할 필요가 있다. 이

---

47) 참고로 무역협회에서는 외환관리사 자격증을 발급하고 있다.

와 관련하여 역사적으로 보면 1973년 Bretton Woods 체제의 붕괴 이후 변동환율제로 선진국들이 이행한 점이 중요하다. Bretton Woods 체제는 제2차 세계대전 이후 국제 통화질서로 대두되었으며 달러화와 금과의 고정교환 비율, 달러화의 여타통화와의 고정교환비율에 근거한 고정환율제도의 속성을 갖는다.

이와 같은 고정환율제의 폐지와 변동환율제 도입은 제2차 세계대전 종전 이후 경제성장으로 인한 자본 축적과 이로 인한 국가 간 자본이동 확대를 반영한 것과 맞물려 있다. 이 변화는 통화정책의 자율성, 자본의 국제적 이동성, 고정환율제는 동시에 달성될 수 없다는 불가능 삼중고(impossible trilemma)를 반영한 것이다. 통화 정책의 자율성과 자본의 국제이동 보장 두 가지 목표의 현대경제에서 중요한 위치를 고려한다면 향후 고정환율제로의 회귀는 어려울 것으로 보인다.[48]

한편 <그림 4.1>에서 보듯 우리나라도 1997년 외환위기 이후 완전한 자율변동환율제로 이행하면서 환율 변동 폭이 커지고 있음을 알 수 있다. 그러나 여기서 주목할 점은 환율 자체는 변동성이 크나 변동의 분산은 <그림 4.2>에서 보듯 일부기간을 제외하고 안정적임을 알 수 있으며 이러한 성질은 후술하는 환율의 구간 예측에 이용될 수 있다.

원/달러 환율

〈그림 4.1〉 원/달러 환율 추이

48) 미국에서는 고정환율제인 금본위제도에 대한 논의가 있다고 한다. 또한 이런 측면에서 위안화 환율이 주식시장 개방(후강퉁) 이후 변동성이 커질 것으로 전망된다. 반면 최근의 코로나 사태로 인한 자본 이동의 감소는 환율 변동성을 줄이는 계기가 될 수도 있다.

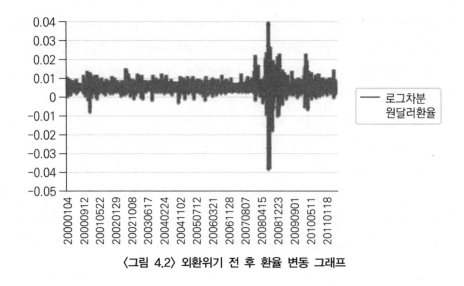

〈그림 4.2〉 외환위기 전 후 환율 변동 그래프

먼저 로그 환율의 임의 보행 성질을 이용하여 환율을 구간 예측하는 방법을 소개한다. 이를 위해 e_t를 t기의 원/달러 환율 S_t의 로그변환 값($e_t = \log(S_t)$)로 정의하자. 그러면 환율은 다음의 임의보행모형(random walk model)으로 근사가 가능하다는 것이 잘 알려져 있다.

$$e_{t+1} - e_t = \epsilon_{t+1} \tag{4.1}$$

여기서 오차항 $\{\epsilon_{t+1}\}$는 기댓값이 0이고 분산이 σ^2인 독립 시계열 확률변수로 가정된다.

위에서 제시한 환율의 임의 보행은 논란이 있지만 외환시장이 효율적이라는 효율성 가설을 지지하는 증거로 제시되기도 한다. 이는 환율의 임의 보행이 외환의 t기 정보를 이용한 $t+1$기 환율의 최적 예측인 조건부 기대(E_t로 표시) 수익률이 0임을 의미하기 때문에 예상된 차익거래의 여지가 없다는 의미를 지니기 때문이다. 이를 설명하기 위해 환율의 임의 보행 과정을 다음과 같이 다음

기의 환율 변동 예상율이 0이라고 쓸 수 있다는 것을 확인하자.

$$E_t\left(e_{t+1} - e_t\right) \simeq E_t\left(\frac{S_{t+1} - S_t}{S_t}\right) = \frac{1}{S_t} E_t\left(S_{t+1} - S_t\right) = 0 \qquad (4.2)$$

만일 위식이 위배되어 t기의 $t+1$기 환율변동률의 조건부 기댓값이 0이 아니라면 투자자는 매매차익을 볼 여지가 있다. 즉, $t+1$기의 예상 환율이 현재(t)의 환율보다 높다면(즉, $E_t S_{t+1} > S_t$), 이윤을 취하기 위해 시점 t에 누구든지 달러를 매입할 것이고 이에 따라 현재의 원/달러 환율(f_t)이 오르게 된다. 반대의 경우도 마찬가지다. 즉, $t+1$기의 예상 환율이 현재(t)의 환율보다 낮다면(즉, $E_t S_{t+1} < S_t$), 손실을 피하기 위해 시점 t에 누구든지 달러를 매각할 것이고 이에 따라 현재의 원/달러 환율이 떨어지게 된다. 이는 곧 현재의 환율은 모든 정보를 이용하여 산출한 다음 기의 예상 환율과 같음을 의미한다. 이에 따라 확정된 매매차익은 발생할 수 없으며 따라서 모든 정보를 사용한 최적 예측인 $E_t S_{t+1}$가 현재 환율 S_t를 결정한다.

결론적으로 t기 현재 환율은 $t+1$기 환율에 대한 '모든 정보를 이용한 최적 예측치'이며 그 '예측오차의 기댓값은 0이 된다.' 이렇게 환율이 결정되므로 외환시장은 효율적이 되는 것이다. 유사한 논리로 위의 식 (4.1)을 정리하면 e_{t+1} 최적의 예측치(이는 조건부 기댓값임)는 현재 로그 환율 e_t가 됨을 알 수 있다.[49] 즉,

$$E_t e_{t+1} = e_t$$

위의 논리를 확대하면 $t+1$기 이후 임의의 $t+T(>1)$의 로그 환율에 대한 t기의 최적의 예측치 역시 t기의 로그 환율이 된다.[50]

$$E_t e_{t+T} = e_t$$

---

49) 단기예측에 있어 가장 우수한 방법으로 알려져 있다.

50) 식(4.2)에 따르면, 임의의 $t+T$기 환율(S_{t+T})에 대한 t기의 최적 예측치 역시 t기의 환율 (S_t)이 된다.

여기서 e_t를 e_{t+T}의 예측치로 했을 때 로그 환율 예측 오차는 반복 대체를 통해 다음과 같이 주어짐을 알 수 있다.

$$e_{t+T} - E_t e_{t+T} = e_{t+T} - e_t = \epsilon_{t+1} + \cdots + \epsilon_{t+T} \tag{4.3}$$

식 (4.3)에서 주어지는 예측 오차 $\epsilon_{t+1} + \cdots + \epsilon_{t+T}$의 분산은 $T\sigma^2$로 주어진다. 이는 예측대상기간(T)이 길어질수록 예측 오차가 비례하여 증가함을 의미한다.

다음으로 위의 내용을 기초로 T기 후의 환율 e_{t+T}가 위치하는 구간(interval)을 예측할 수 있다. 이를 위하여 T기 후 로그 변환 환율 e_{t+T}은 기댓값이 e_t이고 분산이 $T\sigma^2$인 다음의 조건부 정규분포를 하게 된다는 점을 이용한다.

$$e_{t+T} \sim N(e_t, T\sigma^2) \tag{4.4}$$

이를 환율이 로그 정규분포한다고 말한다. 만일 로그변환을 하지 않는 경우 환율은 0보다 크므로 <그림 4.3>과 같이 정규분포보다는 비대칭적인 확률분포를 하게 된다.[51]

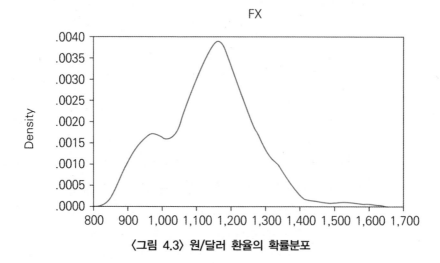

〈그림 4.3〉 원/달러 환율의 확률분포

51) 이런 이유로 통계분석에서 경제변수는 대부분 로그변환을 하는 것이 일반적이다.

한편 $(S_{t+T} - S_t)/S_t \simeq e_{t+T} - e_t$와 같은 로그 함수의 Taylor 근사 성질을 이용하여 다음의 근사가 가능하다는 것을 알 수 있다.

$$S_{t+T} = S_t + (S_{T+t} - S_t) =$$
$$S_t[1 + \frac{S_{t+T} - S_t}{S_t}] \simeq S_t(1 + e_{t+T} - e_t)$$

위의 근사와 식(4.4)를 이용하여 로그 변환전 $t+T$기의 원/달러 환율 S_{t+T}의 조건부 확률분포를 다음과 같이 유도할 수 있다.

$$S_{t+T} \sim N(S_t, S_t^2 T\sigma^2). \tag{4.5}$$

이와 같은 결과는 환율 S_{t+T}는 95%의 확률로 t기의 구간예측을 통해 다음 구간에 있음을 의미한다.[52]

$$[S_t(1 - 1.96\sqrt{T}\sigma), \ S_t(1 + 1.96\sqrt{T}\sigma)] \tag{4.6}$$

<그림 4.4>를 참조하라.

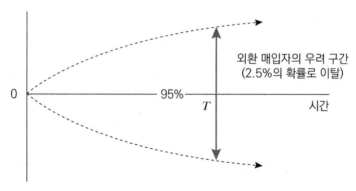

〈그림 4.4〉 S_{t+T}의 95%의 확률 구간 그래프($t=0$)

결과적으로 t기의 환율 S_t와 이의 로그 변환e_t의 표준편차 σ를 알면,[53] T기 후의 환율 S_{t+T}의 분포를 식(4.5)를 이용하여 알 수 있으며 또한, 95%의 확

---

52) 90%인 경우 1.96을 1.67로 수정하면 된다.
53) 한편 σ는 과거 일정 기간의 데이터로부터 추정할 수 있다.

률로 어느 구간에 있는지를 예측할 수 있게 된다. 한편 예측구간의 크기는 식 (4.6)에 따르면 표준편차 σ가 작을수록 작아지며, 반면 기간 T가 커질수록 차이도 커짐을 알 수 있다. 바꾸어 말하면 식(4.6)에서 제시되는 구간 예측의 정확도는 환율 변동성이 클수록, 예측기간이 길어질수록 낮아짐을 알 수 있다.

만일 t기의 보유 외환이 x달러이면 T기 후의 원화로 환산한 가치의 95% 예측 구간은 다음으로 주어진다.

$$[xS_t(1-1.96\sqrt{T}\sigma),\ xS_t(1+1.96\sqrt{T}\sigma)]$$

위의 예측구간에서 주어진 상·하한값은 VaR과 연관되어 있다. 즉, 하한 $xS_t(1-1.96\sqrt{T}\sigma)$는 2.5% VaR(즉, 2.5%의 확률로 원화환산금액이 2.5% VaR을 하회)이며, 반대로 $xS_t(1+1.96\sqrt{T}\sigma)$는 97.5% VaR이다. 예를 들어, $T=1$인 경우 2.5% VaR은 $xS_t(1-1.96\sigma)$가 된다. 따라서 위의 구간 예측을 VaR의 개념을 시간의 흐름에 따라 미래에 동태적으로 확장한 것으로도 간주할 수 있다. 그런데 e_t의 표준편차 σ가 커지면 하한선 또는 상한선이 커지며 따라서 2.5% VaR이 더 내려가거나 올라온다. 즉, 하한선의 경우 동일 확률로 발생하는 손실 규모가 늘어나는 것을 나타낸다.

예를 들어, 먼저 로그 변환 원/달러 환율의 월별 표준편차가 $\sigma=0.1$이며, 현재 환율이 1200원/달러로 가정하자. 수출업자가 100만 달러를 3개월 후에 수취예정이라면 원화 환전 시 받는 예상 금액은 95%의 확률로 다음과 같이 구간 예측할 수 있다.

$$[xS_t(1-1.96\sqrt{T}\sigma),\ xS_t(1+1.96\sqrt{T}\sigma)]$$
$$=[100만달러 \times 1200원/달러(1-1.96\sqrt{3}\times.1),$$
$$100만달러 \times 1200원/달러(1+1.96\sqrt{3}\times.1)]$$

환율의 월별 표준편차를 모르는 경우는 이를 추정해서 사용해야 한다. 6월 말 1222.2원인 원/달러 환율의 3개월 후 95% 신뢰 구간 예측치를 구하는 경우를 생각하여 보자. 먼저 $e_{t+1}-e_t$의 표준편차 σ의 추정량 $\hat{\sigma}$ 함수를 구하기로 한다. 이를 위하여 EXCEL에서 환율을 자연로그 log 함수를 사용하여 월별 변동을 구한 후 stdev 이용하여 구할 수 있다. 환율자료는 한국은행 경제통계시스템에서 예를 들어, 과거 3년간 중 자료를 이용하여 구할 수 있다.[54]

예를 들어, 과거 3년 월별 원/달러 환율 자료를 이용하여 원/달러 환율의 5월 후 95% 신뢰 구간 예측치를 구하면 다음 <그림 4.5>와 같다.

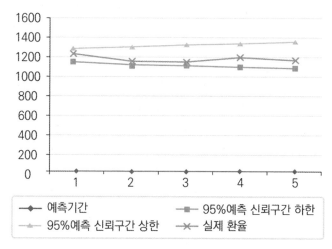

〈그림 4.5〉 환율의 95% 신뢰구간 예측

통화주의 모형을 통한 장기예측

통화론적 모형은 국가 간의 장단기 이자율, 소득, 통화량 등을 이용하여 환율을 설명하는 것으로서 국제금융이론의 중요한 축을 이루고 있다. 환율의 단기 예측력에 있어 통화론적 모형은 임의보행모형에 뒤지나 장기예측에 있어서는 보다 우수한 것으로 알려져 있다.

MacDonald & Taylor(1994), Johnston & Sun(1997), Frankel & Rose(1995), Chinn & Meese(1995), Rapach & Wohar(2001)과 서병선(2001) 등 국내외 연구들은 통화론적 모형이 장기환율 예측에 임의보행모형보다 낮은 예측오차를 보이는 것으로 보고하고 있다.

---

54) 이 구간은 과거 경제위기 같은 구조변동을 피하여 산출한다. 환율은 종가나 평잔 모두를 이용할 수 있으며 정해진 원칙은 없다.

이에 따라 1년 이하 단기에서는 환율의 임의 보행모형을 통한 예측 그리고 이보다 장기예측에서는 다음에 소개하는 통화론적 모형 접근이 추천된다.

통화주의 모형에 따른 환율의 장기예측을 설명하기 위해 다음과 같이 환율이 미래의 할인된 통화론적 펀더멘탈의 현재가치에 의해 결정된다고 가정하자.

$$S_t = \frac{r}{1+r}[\sum_{i=1}^{\infty}(1+r)^{-i}\gamma E_t(x_{t+i})] \qquad (4.6)$$

여기서 x_t는 펀더멘탈, S_t는 자국/상대국 환율, r은 상수인 할인율을 나타내며 E_t는 시점 t의 조건부 기대를 나타낸다.

한편 Campbell and Shiller(1987, p.1065)에 따르면 현재가치 모형 식(4.6)은 다음과 같이 환율과 이를 결정하는 통화론적 펀더멘탈 간의 장기균형관계(균형)를 의미한다.

$$s_t = \gamma' x_t + u_t \qquad (4.7)$$

여기서 u_t는 오차를 나타낸다.

식(4.7)의 장기균형 설명 변수는 Lucas(1982)의 환율결정이론에 근거한 기본모형과 여기에 단기이자율을 포함한 Bilson(1978)의 신축가격모형, 그리고 기본모형에 장단기이자율을 포함한 Frankel(1979)의 실질금리차 모형 등을 통해 정의된다. 또 이는 Frankel 모형에 주가를 추가한 포트폴리오 균형 환율모형으로 확장할 수 있다.[55] 아래에서 * 표시는 상대국의 경제변수를 나타낸다.

- 기본 모형:
  $S = \alpha_1(m - m^*) + \alpha_2(y - y^*) + \zeta_l.$
- Bilson 모형:
  $S = \beta_1(m - m^*) + \beta_2(y - y^*) + \beta_3(i - i^*) + \zeta_b.$
- Frankel 모형:

---

[55] 주가를 포함한 포트폴리오 균형 환율모형을 추정한 Smith(1992)는 주가가 환율에 유의한 영향을 미치는 것으로 보고하고 있다.

$$S = \gamma_1(m - m^*) + \gamma_2(y - y^*) + \gamma_3(i - i^*) + \gamma_4(i_L - i_L^*) + \zeta_f.$$

- 확장 모형:
$$S = \theta_1(m - m^*) + \theta_2(y - y^*) + \theta_3(i - i^*) + \theta_4(i_L - i_L^*) + \gamma_6(h - h^*) + \zeta_x.$$

여기서 소득(y, y^*), 통화량(m, m^*), 단기금리(i, i^*), 장기금리(i_L, i_L^*), 주가 (h, h^*)는 x_t의 구성변수이며 이자율을 제외한 변수들은 로그 변환된 것을 가정한다. 이들 모형들은 통화량과 성장률 격차 및 장·단기 이자율 등을 설명변수로 하고 있으며 따라서 통화주의적 접근법 및 이자율평가설(UIP) 등을 반영하고 있다.[56]

한편 1년 이상 장기 예측에서는 임의보행(random walk) 모형보다 식(4.8)의 변수들을 이용하여 OLS를 추정하고 이를 환율의 장기예측으로 이용하게 된다. 이 결과는 임의보행모형보다 장기예측에서 더 효율적이라는 것이 알려져 있다.

📄 **예제 4.1**

2000년 이후 자료를 이용하여 2015년 이후 3년 후 원/달러 월별 환율을 통화주의모형 변수들을 이용하여 예측하는 것과 임의보행 모형을 통해 예측하는 것의 예측오차 평균을 비교하라. 어느 쪽이 우월한가?

---

56) Engel, Mark and West(2007)도 통화정책을 환율결정모형의 중요변수로 포함할 것을 주장하고 있다.

1. 2012년 1월 1일 원/달러 환율이 1,000원이라고 하자. 한국의 명목이자율이 연간 2%, 미국의 명목이자율이 연간 12%이면 연말 원/달러 환율은 얼마로 전망되는가?

2. 수출업자가 300만 엔화를 4개월 후에 수령예정이면, 원/엔 환율의 월별 표준편차가 5이며, 현재 환율이 100원/엔인 경우 원화 환전 시 95%의 확률로 받는 예상 금액 구간을 구하여라.

3. 일본은행에서 기준금리를 내렸다고 한다. 원/엔 환율은 단기적으로 어떨 것으로 예상되는가?

4. 수출업자가 300만 엔화를 4개월 후에 수령예정이면, 원/엔 환율의 월별 표준편차가 5이며, 현재 환율이 100원/엔인 경우 원화 환전 시 90%의 확률로 받는 예상 금액 구간을 구하여라.

5. 미국 연준에서 기준금리를 내렸다고 한다. 원/달러 환율은 단기적으로 어떨 것으로 예상되는가? 설명하라.

6. 다음 사항이 맞는지 ○ 또는 ×로 표시하고 설명하라.

    a. 환율은 임의 보행을 따르는 것으로 근사할 수 있으며 최적 예측치는 일반적으로 0이라고 할 수 있다.

    b. 로그변환 환율은 임의 보행을 따르는 것으로 근사할 수 있으며 이 경우 환율 변동률의 최적 예측치는 0이라고 할 수 있다.

7. 수출업자가 300만 엔화를 4개월 후에 수령예정이면, 원/엔 환율의 월별 표준편차가 5이며, 현재 환율이 100원/엔인 경우 원화 환전 시 95%의 확률로 받는 예상 금액 구간을 구하여라.

8. 미국연방은행에서 기준금리를 올렸다고 한다. 원/달러 환율은 단기적으로 어떨 것으로 예상되는가?

9. 2016년 1월 1일 현물환율이 달러당 1,000원이라고 하자.

   a. 한국의 인플레이션율이 연간 4%, 미국의 인플레이션율이 연간 6%이면 연말 원/달러 환율은 얼마로 전망되는가?

   b. 한국의 명목이자율이 연간 4%, 미국의 명목이자율이 연간 6%이면 연말 원/달러 환율은 얼마로 전망되는가?

10. 2016년 1월 환율이 1,000원/달러라고 한다. 임의보행 모형(random walk)에 따르면 3개월 후 최적 예측(조건부 기대) 환율은 얼마인가? 95%($z_{2.5\%} = -1.96$) 예측 구간을 구하여라. 다만 로그 변환 월별 환율차분의 표준편차는 0.02라고 한다.

11. 2016년 1월 1일 현물환율이 달러당 1,000원이라고 하자. 한국의 명목이자율이 연간 6%, 미국의 명목이자율이 연간 4%이면 연말 원/달러 환율은 얼마로 전망되는가?

12. 2016년 1월 환율이 1,000원/달러라고 한다. 임의보행 모형(random walk)에 따르면 9개월 후 최적 예측(조건부 기대) 환율은 얼마인가? 95%($z_{2.5\%} = -1.96$) 예측 구간을 구하여라. 다만 로그 변환 월별 환율차분의 표준편차는 0.01이라고 한다.

환위험 헷지 도구

환위험 헷지론

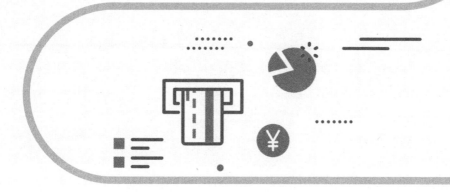

05

환위험 헷지 도구

환위험의 헷지과정은 먼저 환위험의 노출 정도를 측정하고,[57] 이중에서 계약 단위별로 헷지의 우선 순위를 결정하며 다음으로 이에 맞는 헷지 수단을 결정한 후 헷지를 실행하는 순서로 진행한다. 헷지 후에는 헷지 손익을 평가함으로서 향후 추가 헷지 과정의 개선 및 보완에 참고한다. 헷지를 평가함에 있어 중요한 것은 헷지 시점에서의 최적 헷지 실행 여부를 시정하는 데 초점을 맞추어야 하며 사후적으로 발생하는 헷지 손익에 따라 결과만을 놓고 평가해서는 안 된다는 점이다. 이는 건강 보험이 사전적으로 비용이 발생하지만 보험 가입 기간 동안 건강하여 보험 지급이 이루어지지 않았다 하여 보험료가 무의미한 비용으로 평가하지 않는다는 점과 유사하다.

이런 맥락에서 환위험 헷지 비용은 기업의 필수 생산 비용으로 간주해야 하며 환위험 제거를 기업 경영의 부수적 요인이 아니라 천재지변처럼 불가항력적인 요인으로 받아들여야 한다. 이러한 경영 목표가 흔들릴 경우 KIKO 사태와 같이 환위험 헷지와 투자 수익을 혼용하여 기업을 위험에 빠뜨릴 가능성이 있다는 점이 중요하다. 이러한 철학에 대해서는 경영진을 포함한 전사적 합의가 필요하다고 할 수 있다.

한편 다양한 환위험 헷지 수단이 환위험 리스크를 줄이기 위해 필요하다는 점에 유의할 필요가 있다. 예를 들어, 서로 독립이고 기댓값이 0이며 분산이 같은 두 가지 변수 X와 Y의 선형결합 $aX + (1-a)Y$의 분산은 $[a^2 + (1-a)^2]\mathrm{var}(X)$

---

57) 이는 의사가 병을 진단 후 치료하는 것과 유사하다. 측정 단위는 환율 변화에 대한 현금흐름의 변화 정도를 통해 이루어진다.

로 주어지며 $0 < a < 1$인 경우 한 가지 변수(X 또는 Y)만의 분산, 곧 $a = 1$ 또는 $a = 0$인 경우보다 분산이 작다는 사실에 유의하라.[58] 이런 취지에서 추가 헷지 수단 이용 비용이 작다면 가급적 여러 헷지 수단을 사용하는 것이 권장된다.

또한 이러한 헷지 수단의 다양화는 제도적으로 한 수단의 이용이 어려운 경우(예 무역보험공사의 환변동 보험 이용이 불가 시)에 대안으로 사용하거나, 비용을 절감(지나친 선물환 수수료 부담축소)하기 위해 필요하며 기업의 각자 특수성에 따라 이용이 가능하다.

종합하면 헷징 과정은 먼저 환위험별 노출 수준을 측정하고 헷징 우선 순위를 결정하는 것에서 출발한다. 다음으로 헷징 수단을 결정하고 헷징을 이행한다. 마지막으로 헷징 손익을 평가한다. 이 과정에서 헷징의 철학은 보험의 성격임을 전사적으로 이해 및 지원하는 것이 필요하다. 환헷징 비용을 경영의 부수적인 요인이 아닌 필수 지출 고정 비용으로 간주하는 것이 필요하다는 점에 유의하자.

아래 절들에서는 다양한 환위험 헷지 수단들을 살펴보기로 한다.

5.1 선도환

가. 선도계약(forward contract)의 의의

선도계약은 미래의 시점에 정해진 가격에 해당 재화(예 외환)를 거래 상대방에게 인도하는 계약을 체결하는 것을 말한다. 계약 당시에는 현금흐름(cash flow)은 발생하지 않고 계약기간 만기에 재화를 인수하고 금액을 지급하게 된다.

다음 <그림 5.1>을 참조하라.

---

58) 좀 더 구체적으로 $a = 1/2$인 경우 분산이 가장 작다.

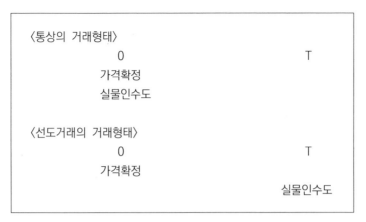

〈그림 5.1〉 상품 인수도 시점에 따른 거래 구분

선도거래는 외환, 밀, 배추 등 농산물과 석유, 구리 같은 광물 같은 기초자산의 미래 가격 변동으로 인한 구매 금액의 변동을 우려하여 미래의 거래가격(선도가격)을 현재 계약 시점에서 미리 확정하는 거래이다. 계약 체결 후 미래 계약 종료시점(만기, maturity)에 선도가격으로 재화를 거래 상대방에 인수도하게 된다.

선도거래를 하면 생산 및 소비자는 미래의 생산 소비계획을 미리 확정할 수 있는 장점이 있는데, 가격 리스크가 있는 경우 미리 생산을 포기하여 초래되는 비효율성 발생을 막을 수 있다.[59] 이에 따라 가격 변동이 있는 모든 재화가 선도거래의 대상이 될 수 있다.

선도거래에 사용되는 용어(jargon)를 설명하면 예를 들어, 6개월 후(만기) 원유 100만 배럴(기초자산)을 배럴당 100달러(선도가격)에 인도(forward sale, forward purchase)하기로 했다고 한다. 또 원유를 파는 경우 "6개월 후 만기 원유 100만 배럴을 선도로 숏포지션(팔기로)을 취했다(take a short position)."라고도 부른다. 반대로 원유를 사는 경우 "6개월 후 만기 원유 100만 배럴을 선도로 롱포지션(사기로)을 취했다(take a long position)."라고 부른다. 거래 잔고가 0일 때는 square position으로 표시한다.

---

59) 가격 변동성으로 생산을 포기하게 되면 필수재의 공급이 불가능하게 될 수도 있다. 유로존과 같이 여러 나라가 단일 통화지역을 만든 것도 이러한 환율 리스크에 따른 국가 간 교역 감소를 회피하기 위한 것이다.

초유의 유가 마이너스, 돈을 받고 원유를 살 수 있을까?

지난 20일(현지시간) 국제유가가 초유의 마이너스 가격을 형성했다. 지난 17일 서부 텍사스산원유(WTI) 5월물 가격이 전일 대비 1.6달러(8.1%) 하락한 배럴당 18.27달 러까지 밀려나 지난 2002년 1월 이후 최저치인 상황이었으나 이날 배럴당 -37.63 달러를 기록했다.

이는 WTI 5월물 선물 만기(21일)를 하루 앞둔 시장 참여자들이 6월물로 대거 갈아 타면서 5월물 가격이 급격히 하락했으며, 특히 근월물 혹은 현물과 원월물의 12개월 물간 가격 차이가 10달러 수준을 넘어서며 '슈퍼 콘탱고(Super Contango)'를 유발 시켰고, 원유 인수가 필요 없는 투자자들이 원월물로의 롤오버(월물교체)를 대거 진 행하면서 기록적인 하락이 나타난 것이다.

이에 대해 국제 원자재 전문 연구기관인 코리아PDS의 최은지 책임 연구원은 "지난 2월 20일에 WTI 4월물과 내년 4월물을 비교하면, 이들 12개월물 간 가격 차이(스 프레드)가 최대 10달러 미만이었다. 하지만 코로나 펜데믹(3월 13일) 선포 이후 글 로벌 석유 수요 위축 우려가 심화됨에 따라 12개월물간 가격 스프레드가 10달러를 상회하는 '슈퍼콘탱고'에 진입하게 됐다"고 분석했다.

최 연구원은 또 "과거 글로벌 금융위기 직전인 2008년 7월경 배럴당 145달러까지 치솟은 이후 급락해 2009년 2월경 배럴당 33달러로 낮아졌을 때, 당시 12개월물간 가 격 스프레드가 22달러 수준인 '슈퍼콘탱고' 상황이 발생한 적이 있었다"고 덧붙였다.

그는 "WTI 5월 인도분은 코로나19로 인한 미국 이동 제한령이 풀리기 전에 공급되 는 물량이기에 대부분의 투자자들이 롤오버 포지션을 취하며 WTI 5월물을 매도했던 것으로 보인다"며 "현재 코로나19로 인한 봉쇄 속에서 휘발유 등 실물수요 급감으로 정유사 저장시설 및 유조선이 꽉 차서 더는 미국 내 저장공간을 찾을 수 없는 실정이 라는 것도 보유비용을 높인 배경이다"라고 분석했다.

초유의 유가 마이너스는 WTI 선물 만기 하루 전이라는 원유 파생상품시장 특수성에 기인한 것이며, 이는 코로나 19로 인한 급격한 수요 감소와 미국 셰일기업 생산에 따른 공급과잉, 사우디-러시아 간의 유가전쟁, 원유 저장고의 포화상태가 맞물리면서 발생한 것이기 때문에 향후 유가 마이너스가 재발할 가능성은 매우 낮을 것으로 보인 선도환 계약은 외환에 대한 선도계약으로 가격으로 선도가격을 직접 표시하거나, 스왑레이트를 연율로 표시한다. 선도환율(예 1,200원/달러)이 현물환율(1,000원/달러)보다 비싸면 달러화 선도 프레미엄(원화는 역으로 선도 디스카운트)라고 한다. 반대로 선도환율(1,000원/달러)이 현물환율(1,200원/달러)보다 싸면 달러화 선도 디스카운트(원화 선도 프레미엄)라고 한다.

한편 현물환율보다 선도환율이 비싼 정도를 1년을 기준으로(계약기간이 1년보다 짧은 경우 1년으로 환산하여) 선도환의 선도 프레미엄 또는 스왑레이트를 연율로 표시하기도 한다. 다음은 이를 구하는 식이다.

$$\frac{F-S}{S} \times \frac{12}{T} \times 100(\%)$$

여기서 F는 선도환율, S는 현물환율 그리고 T는 선도환의 만기까지의 개월 수를 각각 나타낸다.

그러면 왜 연율 표시 선도 프레미엄을 선도환율을 표시하는 지표로 쓰는가? 이는 선도 및 현물환율 자체는 변동성이 크지만 연율 표시 선도 프레미엄은 보장된 금리 평가(covered interest rate parity)에 따라 양국 간의 이자율의 차로 표현이 가능하기 때문이다. 여기서 이자율 차이는 환율에 비해 안정적이며 따라서 연율 표시 선도 프레미엄도 안정적이게 된다. 어떤 지표가 시간에 따라 급변한다면 정보(얼마나 선도환율이 현물환율보다 비싼지)로서의 가치는 떨어질 것이다. 따라서 연율 표시 선도 프레미엄은 선도 및 현물환율 자체에 비해 양 자의 차이를 안정적으로 나타내는 방법이 된다.

예를 들어, 선도환율이 달러당 1,010원, 현물환율이 달러당 1,000원인 경우 3개월 만기 선도환의 연율표시 선도 프레미엄을 구하면 다음과 같다.

$$\frac{1,010-1,000}{1,000} \times \frac{12}{3} \times 100\% = 4\%$$

그러면 선도환율은 어떻게 결정되는가? 다음은 이에 대한 내용이다.

나. 보장된 금리 평가에 의한 선도프레미엄의 결정 이론

먼저 i^*를 미국의 연간 이자율, i를 한국의 연간이자율이라고 각각 정의할 때, 1달러를 보유한 미국인의 입장에서 미국과 한국의 은행에 두 가지 예금의 기회가 있다고 가정하자. 첫째, 1달러를 미국은행에 예금하여 1년 후 $1+i^*$ 달러의 원금과 이자를 수취한다. 둘째, 1달러를 S원/달러의 환율로 환전하여 S원을 한국의 은행에 예금하여 1년후 $S(1+i)$원의 원금과 이자를 수취하고 이를 다시 선도환율 $1/F$(달러/원)에 달러로 환전하여 $(S/F)(1+i)$ 달러를 수취한다.

그런데 위의 두 가지 예금은 선도환을 통한 무위험 차익거래(riskless arbitrage)에 의해 동일한 이득을 초래한다. 즉, $1+i^*=(S/F)(1+i)$이 성립하며 이를 보장된 이자율 평가(covered interest parity)라고 한다.[60]

그러면 선도환율은 어떻게 결정될까? 보장된 이자율 평가가 깨졌을 경우 균형이 회복되는 메커니즘을 설명하면 이자율은 통화정책에 의해 단기적으로 고정으로 볼 수 있으므로 현물환율 S 또는 선물환율 F의 조정으로 균형이 달성될 것이다.[61]

1. 현물환율(S)을 통한 조정

먼저 선도환율 F가 주어졌을 때 보장된 이자율 평가로의 회복과정을 설명하면 다음과 같다. 만일 다음의 부등호가 성립한다고 하자.

$$1+i^* < (S/F)(1+i)$$

이 경우 미국인 투자가 입장에서 원화예금이 달러화 예금보다 선호되며 이에 따라 원화 수요가 증가하고 원화가치가 상승한다. 즉, S원/달러 환율이 하락하여 균형이 회복된다. 반대로 만일 다음의 부등호가 성립한다고 하자.

---

60) 여기서 보장의 의미는 위험이 제거되었다는 것이다. 미국에서 보험의 보장 범위를 coverage 라고 하는 것과 일맥상통하는 것이다.

61) 후술하는 통화선물환은 선도환과 유사하며 보유 비용모형을 통해 통화선물환율이 결정된다. 개략적으로 통화선물환을 보유하는 것과 은행에서 이자를 지급하고 외화를 미리 매입하여 만기까지 보관하는 것이 동일한 비용을 갖는다는 무차익 거래 조건에서 균형 통화선물환 가격을 얻는 방식이다. 이번 장은 이에 대한 보론의 성격을 가진다.

$$1+i^* > (S/F)(1+i)$$

이 경우 달러화예금이 원화 예금보다 선호되며 이에 따라 원화 수요가 감소하고 원화가치가 하락한다. 즉, 환율 S원/달러의 상승으로 균형이 회복된다.

2. 선물환율(F)을 통한 조정

먼저 현물환율 S가 주어졌을 때 균형조정과정을 설명하면 다음과 같다. 먼저 선도환 시장은 선도환의 매도희망자와 매입희망자로 구성된다는 점을 생각하자. 여기서 당연히 매도자는 F가 높을수록 매입자는 F가 낮을수록 선호하게 된다. 그런데 만일 $i < i^* + (F-S)/S$이면 다른 변수가 주어졌을 때, 외국채권에 대한 균형대비 초과 수요가 발생하며 동채권의 만기에 수취하는 외화를 미리 파는 양이 증가함에 따라 선도 매도의 초과 공급이 발생한다. 따라서 이런 선도환의 가격인 선도환율 F는 낮아지게 된다. 반대로 $i > i^* + (F-S)/S$이면 다른 변수가 주어졌을 때 선도 매도의 공급감소가 발생한다. 따라서 F는 높아지게 된다. 결국 균형은 보장된 이자율 평가 $i = i^* + (F-S)/S$에서 이루어진다.

이러한 보장된 이자율 평가설에 바탕하여 다음과 같은 선도환율 결정식을 얻을 수 있다.

$$F = (i - i^* + 1) \times S$$

이를 거시경제적으로 해석하면 다음과 같다. 보장된 이자율 평가 자체가 변수 간 인과관계를 나타내는 것은 아니다. 그러나 선도환율이 현물환율, 이자율 등을 결정하기보다는 현물환율, 이자율 등이 선도환율을 결정할 가능성이 크다. 이는 선도환 시장의 크기가 작으며 현물환율 및 이자율은 통화정책, 국제수지 등 여타 요인에 의해 영향을 받을 가능성이 크기 때문이다.

실제 선도환 거래는 장내보다는 장외거래 비중이 크며 서로 상이한 개별 계약에 의존하므로 시장균형 환율을 알기가 어려우며 이 선도환 결정식은 금융시장에서(은행 등의) 선도환율 계산에 사용되기도 한다.

한편 위의 선도환율 결정식에 따르면 국내이자율 상대적 상승($i > i^*$) 또는 현물환율 S의 상승 시 선도환율 상승을 예상할 수 있다. 여기서 선도계약의 기간이 짧은 경우 이자율 i와 i^* 자체가 작아지므로 근사적으로 선도환율은 현물환율에 근접($F \approx S$)함을 예상할 수 있다.[62] 결론적으로 양국간 이자율 차가 $i - i^*$가 안정적이기 때문(단기적으로 거의 상수로 취급 가능)에 S와 F의 상관계수가 크다고 할 수 있다.

예를 들어, 현재 원/달러 환율이 1,000이고 한국 연간 이자율이 8%, 미국 연간 이자율이 4%일 경우 3개월 만기 선도환율을 구하여 보자. 먼저 한국 3개월 이자율이 8%/4 = 2%, 미국 3개월 이자율이 4%/4 = 1%이므로 이 예에서 선도환율 F는 (2% − 1% +1) × 1,000 = 1,010로 주어진다. 다음으로 만일 미국 FRB에서 양적 완화 정책을 종료하기로 했다면 원/달러 선도환율에 미치는 영향은 미국이자율의 인상으로 원/달러 선도환율은 하락이 예상된다.

3. 불편향 기대가설

또 하나의 선도환율의 결정이론은 합리적 기대에 따른 불편향 기대가설로 선도환율은 위험 중립 성향을 가진 투자자에게 미래환율의 불편향 기대치와 같다는 것이다. 이는 다시 선도환율과 미래 환율과의 기대 오차가 0임을 의미하며 합리적 기대가설이 성립함을 나타낸다. 즉, t시점에 만기 T인 선도환율은 다음과 같이 결정된다.

$$F = E_t(S_{t+T})$$

여기서 환율의 임의 보행 가설(random walk hypothesis)을 가정하는 경우 미래환율 S_{t+T}의 기댓값 $E(S_{t+T})$는 t기 현물환율 S_t가 된다. 한편 투자자가 위험 기피적(risk averse)인 경우 선도환율에 위험프레미엄(risk premium)이 합해져서 선도환율이 결정될 것이다. 이는 선도환율의 경우 만기의 변동 위험이 0이나, 미래환율의 불편향 기대치는 그렇지 않기 때문이다.

$$F = E(S_{t+T}) + 위험프레미엄$$

---

62) 실제 두 환율은 매우 밀접하게 같이 움직인다.

예를 들어, 1달 후 1달러를 매도해야 하는 위험 기피적 수출업자를 생각해 보자. 1달 후 환율은 달러당 1,000원으로 예상된다고 한다. 다만 달러당 900원일 확률과 1,100원일 확률이 동일하다고 가정하자. 전 장에서 학습한대로 이 수출업자는 (선도환을 통해) 확정으로 1,000원을 받는 것을 선도환 없이 만기에 매도하여 기대환율이 달러당 1,000원인 경우보다 선호하게 된다. 이에 따라 선도환의 초과수요가 존재하며 따라서 균형 선도환율은 기대환율 1,000원을 상회하여 결정된다.

참고 5.1

불편향 기대가설과 관련하여 Siegel's(1972) paradox로 알려진 수학적 문제가 있다. 이는 $F = E(S_T)$이 성립하면 이들의 역수로부터 얻어진 등식 곧 $1/F = 1/E(S_T)$가 일반적으로 성립하지만 그러나 반드시 $1/F = E(1/S_T)$를 의미하지는 않는다는 것이다. 예를 들어, F와 S_T가 원/달러 환율이면 $1/F$과 $1/S_T$는 달러/원 환율을 의미한다. 그러나 Siegel's(1972) paradox에 따르면 원/달러 표시 환율에 대해 불편향 기대가설이 성립한다고 하여 반드시 달러/원 표시 환율에 대해서 불편향 기대가설이 성립한다고는 말할 수 없다는 것이다.

왜냐하면 Jensen의 볼록한 함수($y = 1/x$와 같은 함수를 말함)에 대한 부등식에 따라 $F = E(S_T)$이 성립하더라도 "$E(1/S_T) > 1/E(S_T) = 1/F$" 또는 "$E(1/S_T) > 1/F$"이 성립하기 때문이다. 다음 그림은 p_1과 p_2의 확률로 서로 다른 S_T를 갖는 경우(S_{T_1}과 S_{T_2}) 이 관계를 나타낸다.

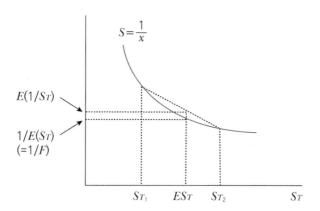

〈그림 5.2〉 볼록함수로 인한 Siege's paradox

한편 선도환율의 결정이론으로서 제시되는 기대가설은 경제학에서 합리적 기대가설 연구의 실증적 연구의 주제가 되어 왔다. 즉 사람들이 경제변수를 불편향 기대로 예측하는지 검정하기 위한 실증분석에서는 1기 미래의 선도환율에 대해 $E(s_{t+1}) = f_t$를 입증하기 위해 합리적 기대가설과 위험 중립 성향을 가정한 후 다음의 모형을 추정한다.

$$s_{t+1} - s_t = a_0 + a_1(f_t - s_t) + \epsilon_{t+1}$$

여기서 로그로 변환한 변수들 $s = \log(S)$, $f = \log(F)$로 정의한다. 위 식의 오차항에 대해 조건부 기댓값이 0, 즉 $E_t\epsilon_{t+1} = 0$이 가정된다. 불편향 기대가설은 $a_0 = 0$ 및 $a_1 = 1$인 경우에 성립하며 이를 OLS로 회귀분석하여 추정하고 검정하게 된다. 이 가설은 일반적으로 기각되는데 그 주요인은 앞서 서술한 채권의 리스크 프레미엄 때문으로 추정되고 있다.

참고 5.2

차익결제 선물환 또는 역외선물환거래(NDF, non delivery forward)란 만기 도래 시 당초 계약한 환율과 약정금액에 의해 특정 통화를 매매하는 일반적인 선물환(FWD) 거래와 달리, 거래대상 실물 외환의 인수도 또는 상호교환 없이 약정 선도환율과 만기 시의 현물환율과의 차액만을 기준통화로 정산하는 주로 역외에서 거래되는 선도계약이다.

이러한 NDF의 발생 배경은 먼저 특정 통화가 국제화 되지 못해 해외에서 유통되지 않는 경우, 또는 외환 규제 등으로 역외(예 원/달러 거래의 경우 한국 또는 미국이 아닌 싱가포르를 말함. 중국의 위안/달러 거래도 마찬가지임)에서 그 특정 통화를 자유롭게 매매하기란 쉽지 않기 때문이다.

다음으로 차액결제측면에서 일반적인 선도거래는 만기 도래 시 약정 금액을 맞교환하는 데 반해, NDF는 실물 교환 없이 만기에 현물환율과의 차액만이 결제되기 때문에 상대방의 Default나 신용도 하락에 따른 미결제로 인한 위험부담이 상대적으로 적다.[63]

예를 들어, 계약 만기일에 NDF 달러 매입 계약자는 만일 F(NDF 계약환율) < S(시장 원/달러 환율)이면 시장에서 NDF 계약에 따라 싸게 사서 달러를 시장에서 비싸게 팔

수 있게 된다. 따라서 달러를 인수받아 시장에서 파는 대신 매도 계약자로부터 차액인 $(S-F)$원을 받고 계약을 종료한다. 반대로 $F>S$이면 NDF 매도 계약자는 시장에서 더 싸게 살 수 있으므로 매입 계약자로부터 차액인 $F-S$를 받고 계약을 종료한다. 차익결제 선물환의 거래 종류는 만기기준으로 1개월, 3개월, 6개월, 1년물 등이 있으나 주로 1개월물이 거래의 대부분을 차지한다.

 [경제기사로 얻는 금융시장 지식]

[서울환시 잃어버린 10년-①] 경제 규모 비해 '초라한 환시'

"이렇게 버티다간 나중엔 역외 거래 70%, 국내 거래 30%까지 쏠리면서 환율 움직임 자체가 다 해외에서 결정될 수 있습니다"

서울외환시장에서 달러-원 거래 감소가 고착화되고 있는 가운데 외환시장이 '잃어버린 10년'을 겪고 있다는 우려가 점증하고 있다.

역내 외환시장 위축 흐름이 이어지면서 통화 거래의 주도권이 역외차액결제선물환 (NDF) 시장으로 더욱 쏠리는 형국이다.

1일 서울외국환중개와 한국자금중개에 따르면 대고객 거래와 외국계 브로커를 통한 거래를 제외한 외국환 은행들의 일평균 달러-원 거래량은 올해 들어 70억 달러대를 나타냈다.

올해 들어 100억 달러 이상 거래된 날은 지난 3월 8일과 6월 3일 딱 이틀뿐이다. 일평균 91억 3천 800만 달러 거래량을 기록한 지난 2011년 이후 달러-원 거래량은 감소 추세로 해를 거듭하면서 일평균 80억 달러, 70억 달러대로 내려앉고 있다.

 [경제기사로 얻는 금융시장 지식]

지난 10년간 달러-원 환율 추이와 거래량

외환시장 거래량이 감소 추세에 있지만 한국 경제 규모는 선진국 대열에 들어서고 있다. 지난 2018년 한국의 전체 연간 경상수지 흑자 규모는 764억 달러로 지난 2009

---

63) 차익결제 선물환은 마치 사설 경마에서 과천경마장을 중계하면서 베팅하는 것과 유사하며 적은 금액으로 투자할 수 있어 투기적 성격을 가진다.

년 330억 달러에 비해 두 배 넘게 증가했다. 세계은행에 따르면 우리나라의 1인당 국민총소득(GNI)은 지난해 3만 600달러로 2006년 2만 795달러를 기록한 후 12년 만에 3만 달러를 넘었다. 2010년 이후 2015년 한 해를 제외하고 1인당 GNI는 꾸준히 증가한 것으로 나타난다.

10년간 우리나라의 수출 규모가 2~3배 이상 증가했고 일인당 소득 규모가 1만 달러 늘어날 동안 외환시장에서는 스펙(스펙큘레이션; speculation) 거래 감소와 각종 거래 제약 등으로 거래량은 오히려 쪼그라들고 있는 셈이다.

◇ 역내외 시장 이원화 … "NDF가 통화 흐름 주도"

한국은행 자료에 따르면 최근 5년간 달러-원 현물환 시장 일평균 거래량은 지난 2015년 145억 4천만 달러, 2016년 145억 2천만 달러, 2017년 138억 9천만 달러로 꾸준히 감소했다. 지난 2018년 153억 4천만 달러로 다소 증가했으나 올해 들어 2분기까지 140억 9천만 달러로 다시 줄었다. 반면 같은 기간 NDF 일평균 거래량 추이를 보면 지난 2015년 61억 9천만 달러, 2016년 79억 6천만 달러, 2017년 82억 9천만 달러, 지난해 90억 8천만 달러로 해마다 상승하는 추세다. 올해 2분기까지는 100억 6천만 달러가 거래됐고 지난 2분기의 NDF는 107억 6천만 달러 거래돼 전 분기 대비 14억 4천만 달러 증가했다. 실제 뉴욕 NDF 시장에서 원화 비중은 결코 적지 않다.

미국 상품선물거래위원회(CFTC) 자료에 따르면 지난 12일 기준 NDF 시장에서 원화는 주간 1천 376억 4천 700만 달러 거래됐다. 전체 NDF 거래량의 약 20%에 해당하는 규모로 엔화 184억 8천 300만 달러, 홍콩달러 32억 6천 400달러보다 훨씬 큰 비중을 차지했다. 뉴욕 NDF 시장에서 원화 거래 비중이 독보적인데다 런던 시장에서도 거래가 활발히 이뤄지고 있다. 서울환시의 한 베테랑 외환딜러는 "우리 경제 사이즈에 비해 외환시장 거래가 너무 적다"며 "시장에 대한 빈번한 제재로 인해 실수요 외에 스펙 트레이딩이 줄었고 이를 할 수 있는 트레이더들도 많이 줄어들었다"고 말했다. 그는 이어 "환시 전체 거래량이 적으면 대규모 인수·합병(M&A) 등 환전 규모가 큰 거래가 이뤄질 때마다 시장 충격이 클 수 있어 모두의 불이익"이라고 덧붙이기도 했다. 〈자료: 연합인포맥스, 윤시윤 기자〉

5.2 선도환을 통한 헷지 분석[64]

이번 절에서는 선도환의 매도 및 매입 헷지의 손익을 평가하기로 한다.

가. 매도 헷지

현재 t기에 미래시점 T기에 수출대금으로 x달러의 유입이 예정되어 있다고 가정하자. 이를 방치하는 경우 T기에 수출 대금의 원화 현금 흐름은 x달러 $\times S_T$원/달러가 된다. 이는 미래의 환율 S_T의 변동에 따라 원화 표시 현금 흐름이 0에서 $+\infty$까지 달라지는 환위험(exchange risk)이 존재함을 의미한다.

이에 따라 환율하락을 우려하여 선도환을 이용해 헷지를 희망한다고 하자. 여기서 선도환율은 F원/달러로 가정한다. 이의 헷지 방법은 T기에 만기가 되는 달러화 선도계약을 x달러만큼 매도(은행에 수출대금을 미리 파는)하는 것이다. 이렇게 되면 T기에 환율이 변하더라도 x달러 $\times F$원/달러의 수취 금액만큼의 현금흐름의 고정 유지가 가능하다.

이런 선도매각은 어떤 현금 흐름을 가져오게 되는가를 외환의 유입과 선도 매도로 구분하여 평가할 수 있다. 먼저 x달러의 수출대금 유입은 xS_T원의 현금 유입을 발생 시킨다. 다음으로 xS_T원의 비용(현금 유출)으로 매입한 x달러로 선도매도로 인해 발생한 매도 의무를 이행하고 이의 대가로 xF원의 현금 유입이 발생된다. 이에 따른 현금 순유입은 $x(F-S)$원이 된다. 이 두 가지 거래는 종합적으로 $x(S+F-S)=xF$원의 고정된 현금흐름을 가져오게 된다.

위에서 서술한 두 거래를 <그림 5.3>과 같이 나타낼 수 있다.

---

[64] 선도환 이용시 유의해야 할 점은 여러 번 헷지하면 사후적 헷지 비용(선도가격 − 만기 현물 가격 차이)의 기댓값은 0이 된다는 것이다. 이는 대수의 법칙에 따른 것이다. 그러나 기댓값을 0으로 만들기 위해서는 선도환율을 환율변화 기댓값이 0이 되도록 제대로 예측하여 선정하여야 한다. 이는 앞의 장의 논의를 참고하라. 그러니 일시적인 선도환 헷지 손익에 일희일비할 필요가 없다.

거래 1: 수출대금 1\$ 유입의 현금흐름은 다음과 같다.

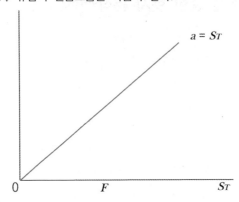

거래 2: F원으로 1\$(시장가치 S_T)를 매각한다. $F > S_T$이면 이익이며 $F < S_T$이면 손해이
다. 이는 F원으로 NDF 매각인 경우의 수익선을 나타내며 이 차액만을 수취한다.

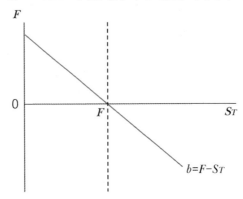

거래 1과 2의 결과의 합(헷지 손익)은 다음으로 주어진다.

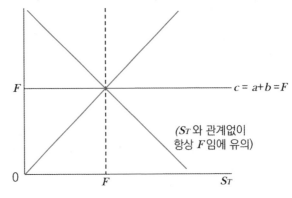

〈그림 5.3〉 1\$ 유입과 헷지거래의 손익

나. 매입 헷지

현재 t기에 미래시점 T기에 수입대금으로 x달러의 유출이 예정되어 있다고 가정하자. 이를 방치하는 경우 T기에 수입 대금의 원화 현금 흐름은 $-x$달러 $\times S$원/달러가 된다. 이는 미래의 환율 S의 변동에 따라 원화 표시 현금 흐름은 0에서 $-\infty$까지 달라지는 환위험(exchange risk)이 존재함을 의미한다.

이에 따라 환율상승을 우려하여 선도환을 이용하여 헷지를 희망한다고 하자. 여기서 선도환율은 F원/달러로 가정한다. 이의 헷지 방법은 T기에 만기가 되는 달러화 선도계약을 x달러만큼 매입(은행에 수입대금을 미리 사는)하는 것이다. 이렇게 되면 T기에 환율이 변하더라도 x달러 $\times F$원/달러의 유출 금액과 현금흐름의 고정 유지가 가능하다.

이런 선도매입은 어떤 현금 흐름을 가져오게 되는가를 외환의 유출과 선도매입으로 구분하여 평가할 수 있다. 먼저 x달러의 수입대금 유출은 $-xS$원의 현금 유출을 발생시킨다. 다음으로 xS원의 가치를 갖는 매입한 x달러로 선도매입으로 송금 의무를 이행하고 이의 대가로 $-xF$원의 현금 유출이 발생된다. 이에 따른 현금 순유입은 $x(F-S)$원이 된다. 이 두 가지 거래는 종합적으로 $x(S-F-S)=-xF$원의 고정된 유출 현금흐름을 가져오게 된다.

위에서 서술한 두 거래를 다음 그림과 같이 나타낼 수 있다.

거래 1: 수입대금 1\$ 유출의 현금흐름은 다음과 같다.

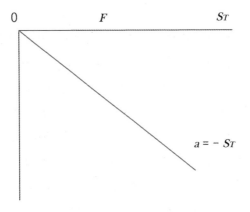

거래 2: F원으로 1\$(판매가격 S_T)를 매입한다. $F < S_T$이면 이익이며 $F > S_T$이면 손해이다. 이는 F원으로 NDF 매입인 경우 수익선을 나타내며 이 차액만을 수취한다.

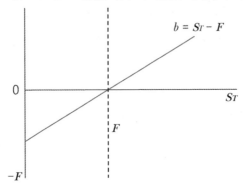

거래 1과 2의 결과의 합(헷지 손익)은 다음으로 주어진다.

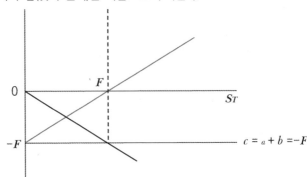

〈그림 5.4〉 1\$ 유출과 헷지거래의 손익

1. 6개월 선도환율이 달러당 1,010원이면 연율표시 선도프레미엄은 얼마인가? 이 경우 보장된 이자율 평가설이 성립하는 경우 미국의 명목이자율이 연간 7%이면 우리나라 명목이자율은 연간 얼마인가?

2. 불편향 기대가설은 선도환율이 미래 현물환율의 기대치와 같다는 가설을 설명하라.

3. 원/엔 4개월 선물환율이 80, 현물환율이 120이면 연율표시 선도프레미엄은 얼마인가?

4. 현재 원/달러 환율이 1,200이고 한국 연간 이자율이 6%, 미국 연간 이자율이 4%이면 6개월 만기 선도환율은 얼마인가?

5. 2016년 1월 1일 현물환율이 달러당 1,000원이라고 하자. 2개월 선도환율이 달러당 1,010원이면 연율표시 선도프레미엄은 얼마인가? 이 경우 보장된 이자율 평가설이 성립하는 경우 미국의 명목이자율이 연간 5%이면 우리나라 명목이자율은 연간 얼마인가?

6. NDF 원/달러 거래에서 선도환율이 1,200원/달러이고 만기 현물환율이 1,000원/달러인 경우, 매도자와 매입자 간의 거래를 설명하고 매도자의 손익을 구하라.

7. NDF 원/달러 거래에서 선도환율이 1,000원/달러이고 만기 현물환율이 1,200원/달러인 경우, 만기일 매도자와 매입자 간의 거래를 설명하라.

가. 거래 제도

통화선물은 미리 환율을 약정한다는 측면에서 선도환과 유사하나 장내거래로 규격화되고 계약의 이행이 담보되며 만기 이내에 자유로이 반대매매를 할 수 있다는 면에서 차이가 있다. 따라서 선도환에 비해 유동성이 크며 계약 이행의 신뢰도가 크다는 장점을 지닌다. 비유로 말하면, 서울에서 부산가는 기차표 중 중간에 팔고 내릴 수 있는 것은 통화선물이며 끝까지 가는 것은 선도환이라고 할 수 있다. 아래 <표 5.1>에는 통화선물과 선도환을 비교하고 있다.

한국의 경우 한국 거래소(http://www.krx.co.kr/index.jsp)에서 거래되며 개인은 선물중개회사(Futures Commission Merchant)를 통해서만 간접 거래할 수 있다(미국의 경우 Chicago Mercantile Exchange에서 HTS: Home Trading System를 이용하여 계약한다). <표 5.2>는 세계의 주요 선물거래소를 소개하고 비교하고 있다.

만기 및 계약은 크기가 표준화(1계약 기준 미국달러선물: 1만 달러, 엔선물: 1백만엔, 유로선물: 1만유로)되어 있는데 최종 결제일은 결제월의 세 번째 수요일이 된다. 최소가격 변동폭은 달러당 0.1원이므로 1계약당 1천원 변동에 해당한다. 만기 이전에 반대매매도 가능하며 이 경우 계약 선물 가격과 반대매매 시점의 선물 가격 차이로 인한 베이시스 리스크(basis risk)의 추가 부담이 발생할 수 있다.

아래 <그림 5.5>에는 만기별 미국달러화 통화선물의 가격을 보여주고 있다.

---

65) 미국달러선물의 경우 거래단위 인하 및 상장결제월의 확대 등 지속적으로 제도개선을 시행하고 있지만 기본적으로 거래금액 및 만기가 규격화되어 있어서 일단위의 정밀한 헤지에는 적합하지 않다는 한계점을 지니고 있다. 이에 한국거래소에서는 2009년 8월 31일부터 EFP(기초자산조기인수도부거래) 및 FLEX제도의 시행을 통해서 미국달러에 대한 정밀한 환위험 관리 수단을 제공하고 있다.

(2014/10/28 오전 11:42:05, 20분 지연 정보)   (단위:계약)

종목	현재가	대비	시가	고가	저가	거래량	미결제
미국달러 F 201411	1,051.60	▼ 1.20	1,051.50	1,052.50	1,051.00	47,178	490,036
미국달러 F 201412	1,052.90	▼ 1.20	1,053.50	1,053.50	1,052.50	52	72,376
미국달러 F 201501	1,056.50	0.00	0.00	0.00	0.00	0	0
미국달러 F 201502	1,057.70	0.00	0.00	0.00	0.00	0	0
미국달러 F 201503	1,058.40	0.00	0.00	0.00	0.00	0	0
미국달러 F 201504	1,059.30	0.00	0.00	0.00	0.00	0	0
미국달러 F 201506	1,060.50	0.00	0.00	0.00	0.00	0	0
미국달러 F 201509	1,061.50	0.00	0.00	0.00	0.00	0	0

〈그림 5.5〉 만기에 따른 통화선물 가격의 변화

〈표 5.1〉 선도환과 통화선물거래 비교

	통화선물 (currency future)	선도환 (forwrd exchange)
거래방법	거래소(장내시장)를 통한 경쟁입찰 (open outcry)	장외시장에서 거래당사자 간 직접 거래
거래단위	통화별로 표준화	매매당사자 간 합의
결제일	3, 6, 9, 12월 셋째 수요일	매매당사자 간 합의
결제방법	결제일 이전 반대매매	결제일 현물/대금 결제
거래상대방	거래소(회원제) (일반 고객은 선물 중개회사를 통하여 매매)	주로 금융기관
보증기관	• 청산소(clearing house: 계약 이행 보증, 증거금 관리) • 우리나라의 경우 한국거래소의 부서가 담당	없음
증거금	위탁 및 유지 증거금	담보금
현금 수지	일일정산	결제일

1. 선도환이 동네축구 경기라면 통화선물은 일정이 정해진 프로축구와 유사하다.
2. 통화선물거래에서 거래소는 거래 주체이지만 사실상 중개기능을 수행한다.

〈표 5.2〉 세계의 주요 선물거래소 비교

지역	거래소	소개
미국	CME	Chicago Mercantile Exchange(시카고상업거래소)
		시카고상업거래소(CME)가 시카고상품거래소(CBOT), 뉴욕상업거래소(NYMEX)를 합병하여 만들어진 세계 최대 파생상품 거래소
		2007년 CBOT & NYMEX의 인수합병, 세계 제1위의 거래소
		주요거래종목
		[지수] S&P500, NASDAQ-100, DJIA, S&PMidcap
		[통화] 유로, 엔, 파운드, 호주, 스위스프랑
		[금리] 미채권 30yr, 10yr, 5yr, 2yr, 유로달러, LIBOR
		[에너지] 원유, 천연가스, 난방유, RBOB 가솔린
		[농산물] 옥수수, 소맥, 대두, 대두유, 대두박, livecattle, leanhog
		[금속] 금, 은, 구리
유럽	ICE	Intercontinental Exchange(대륙간거래소)
		2000년 영국 설립, 원유/천연가스/농산물/통화거래(2007년 NYBOT 인수)
		2001년 IPE 흡수합병하며 전 세계 주요에너지 거래소로 자리함
		2007년 NYBOT 인수 후 미국선물거래소로 명칭 변경
		2007년 위니펙상품거래소 인수 후 ICE캐나다선물로 명칭 변경
		주요거래종목
		[지수] 달러인덱스, 러셀20000
		[에너지] WTI원유, Brent원유, 천연가스, 탄소배출권
		[농산물] 원면, 커피, 코코아, 설탕, 오렌지주스
	LME	London Metal Exchange(런던금속거래소)
		1877년 설립된 세계 최대 비철금속거래소
		세계 비철금속거래의 중심. 이곳에서 결정되는 가격을 'LME' 가격이라고 하며, 세계에서 거래하는 가격의 기준이 됨
		오전, 오후 두 차례에 걸쳐 동, 아연, 납, 주석, 알루미늄, 니켈 등을 거래
		주요거래종목
		[비철] 구리, 알루미늄, 아연, 납, 주석, 니켈
	EUREX	1998년 독일파생상품거래소(DTB)와 스위스선물거래소(SOFFEX)의 합병으로 출범한 유럽 최대 파생상품거래소
		주요거래종목
		[금리] Euro-Bund, Euro-Bobl, EuroSchatz
		[지수] DAX, Swiss MarketIndex, DJEUROSTOXX
	EURONEXT	2000년 파리 & 암스테르담 & 브뤼셀 3개국 통합증권선물거래소
		2002년 런던국제금융선물거래소(LIFFE)인수, EURONEXTLIFFE 설립

		미국뉴욕증권거래소(NYSE)와 범유럽증권거래소인 EURONEXT의 합병으로 NYSEEuronext 출범
		주요거래종목
		[금리] Gilt Futures
		[지수] FTSE100,CAC40
		[농산물] 코코아, 로부스타커피
		[금속] 금, 은, Mini-sized Gold, Silver
아시아	TSE	Tokyo Stock Exchange(도쿄증권거래소)
		동경 기반 1949년 설립, 뉴욕증권거래소 및 런던증권거래소와 함께 세계 3대 거래소의 하나
		주요거래종목
		[지수] TOPIX, mini-TOPIX
		[금리] JGB, mini-10yrJGB
	SGX	Singapore Exchange(싱가포르거래소)
		1999년 SES & SIMEX 합병되어 탄생(아시아 주요국 주가지수 및 에너지선물거래)
		2003년 세계 최초의 주식, 파생상품시장 통합거래시스템 개발
		주요거래종목
		[지수] NIKKEI225, FTSEChinaA50, CNXNiftyIndex, MSCITaiwan
		[금리] 10yrJGB, 10yr-MiniJGB
		[에너지] FuelOil380cst
	HKEX	Hong Kong Futures Exchange(홍콩선물거래소)
		1976년 설립(2000년 HKSE합병, HKEX로 명칭 변경)
		주요거래종목
		[지수] Hang Seng Index, H-Share, HSI Volatility Index

출처: 삼성선물 홈페이지.

나. 증거금

통화선물 거래의 특징은 계약 이행의 보증을 위한 증거금의 납부가 필요하다는 점이며 이는 다시 위탁증거금과 유지증거금으로 나뉜다. 즉, 통화선물거래의 시작에는 1계약당 일정 위탁증거금(*initial margin*)이 필요하며 증거금은 계약기간 내에 유지증거금 수준으로 유지되어야 한다.

이와 관련하여 거래소에서 시행하는 일일 정산제도가 있다. 이는 증거금제도의 효율적 운영을 위한 증거금 납입 및 요구과정으로 매일 손익변동을 선물계좌에 반영하는 것이다. 이를 통하여 기업 입장에서는 선물거래의 일일 Monitoring을 통한 내부통제가 용이해지며 또한 이러한 증거금의 역할은 계약자의 계약이행을 보장하는 기능도 수행한다. 현금증거금 대신 전체증거금의 1/2까지 유가증권 또는 채권도 납부가 가능하다.

이를 설명하기 위해 $F_{t,T}$를 시점 t의 만기 T인 통화선물의 가격으로 정의하자. 다음으로 예를 들어, 0기에 만기 T인 통화선물의 환율이 $F_{0,T}$ =1,000원/달러로 주어졌을 때 이를 수입업자가 매입한 후 경우를 생각해 보자. 이후 시점 t에 이 통화선물의 환율이 1원 상승(하락)하여 1,001원/달러가 되었다(매각가격 상승(하락)으로 수익 증가(감소))고 가정하자. 만일 이를 시점 t에 매도한다면 달러당 1원의 유입(유출)이 매도자에게 발생하게 된다. 이러한 변동을 반영하여 거래소는 달러당 1원을 증거금 계좌에 입금(출금)하여 준다.

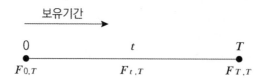

〈그림 5.6〉 만기 T인 선물환율의 시간대별 변화

반대로 0기에 만기 T인 통화선물의 환율이 $F_{0,T}$ =1,000원/달러로 주어졌을 때 이를 수출업자가 매도한 후 경우를 생각해 보자. 이후 시점 t에 이 통화선물의 환율이 1원 상승(하락)하여 1,001원/달러가 되었다(매입가격 상승(하락)으로 비용 증가(감소))고 가정하자. 만일 이를 시점 t에 매도(매입)한다면 달러당 1원의 유출(유입)이 매도자에게 발생하게 된다. 이러한 변동을 반영하여 거래소는 달러당 1원을 증거금 계좌에서 출금(입금)한다.

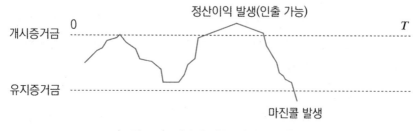

〈그림 5.7〉 시간에 따른 정산이익 추이

한편 만기가 T인 선물환 가격은 T기의 현물환율과 동일($F_{T,T} = S_T$)[66]하므로 만기까지 보유한다면 선물거래는 $F_{0,T}$에 선도거래를 한 것과 동일한 수익이 발생한다고 할 수 있다.

한편 이와 같이 반대매매를 상정한 일일정산(daily marking−to−market)을 반복하는 것은 유동성을 제고하여 거래를 촉진해 선물시장을 유지하도록 하는 기능을 수행한다. 일일정산은 잔금의 반대매매와 무차별한 상황을 만들어 선물계약을 유지하는데 이 제도가 없는 경우 장기적인 거래 유지가 불가능해질 수 있다.

증거금의 수준은 거래소와 대상자산의 가격변동성에 따라 정해지며[67] 선물거래를 하기 위해서는 유지증거금 정도만 있으면 거래가 가능하므로 레버리지효과(leverage effect)가 있다.[68] <표 5.3>에는 외화별 증거금률이 나와 있다.

한편 보증금잔액이 유지증거금 이하가 되면 위탁증거금 수준으로 회복하도록 입금하라는 마진 콜(margin call)을 받는다. 이에 응하지 않으면 중개회사는 선물을 반대매매(선물 매입시 매도처리, 선물 매도시 매입처리)하고 남은 증거금을 계약자에게 반환하게 된다.[69] <그림 5.7>은 이런 정산 과정을 보여주고 있다.

---

66) 아닌 경우 일물 일가의 법칙에 위배된다.

67) 이러한 증거금은 보통 거래대상의 변동성을 기준으로 정해진다. 미국달러선물의 경우 위탁증거금은 기준가격의 4.5%, 유지증거금은 3%로 정하고 있다. 즉, 미국달러선물의 경우 하루동안에 기준가격이 보통 ±3% 이내로 움직이기 때문에 이 정도의 증거금율로 충분히 커버가가능하다는 의미이다. 2009년 초까지만 하더라도 미국달러선물의 위탁증거금과 유지증거금율은 각각 3.0%, 2.0%였다. 하지만 2009년 초 서브프라임위기에 따라 금융시장은 급격한 위기를 겪었고, 불안감이 증가함에 따라 통화시장의 변동성이 급격히 증가했다. 이에 따라 기존의 증거금 수준으로는 일일변동성을 커버할 수 없는 상태에 이르렀고, 이에 2009년 2월 4일시장상황을 감안하여 위탁증거금을 4.5%, 유지증거금을 3%로 상향 조정하게 된 것이다.

68) 이는 선물이 투기적 목적에 사용될 소지를 낳는다. 적은 금액으로 환율변동에 따른 큰 이익을 볼 가능성은 도박과 동일한 기능을 한다.

69) 증거금률은 한국거래소 홈페이지(http://regulation.krx.co.kr) > 청산결제제도 > 증거금률 또는 파생상품업무규정 시행세칙에서도 확인할 수 있다.

2020년 4월 1일 현재 증거금 산정 기준환율은 1,000원/US$으로 계약기간 중 불변하는 것으로 가정한다. 투자자 A는 5월 만기가 되는 10만 달러의 수입대금 결제를 해야 하는데 환율상승을 우려하여 미국달러선물 10계약을 매수한다. 이에 따라 먼저 위탁증거금 450만원(=1,000원/US$×10계약×$10,000×4.5%)을 납부한다. 이후 4월 2일 선물환율이 10원 상승하면서 100만원(=10원×10계약×$10,000)의 동 선물 매수에 따른 이익이 발생하였다. 이에 따라 A의 계좌는 총 550만원이 되며, 이중 유지증거금 300만원(=1,000원/US$×10계약×$10,000×3%)을 제외한 나머지 금액인 250만원을 출금할 수 있다. 4월 3일 선물환율이 다시 30원 하락하면서 3백만원(=30원×10계약×$10,000)의 손실이 발생하였으며 이에 따라 A의 계좌에서는 300만원이 인출되고 증거금 잔액은 250만원으로 줄어든다. 이에 따라 유지증거금 300만원보다 50만원이 부족하게 되자, 회원사는 4월 4일 오전 12시까지 위탁증거금(450만원)보다 부족한 200만원을 추가로 납부하도록 요구(마진 콜)하고, A는 계약을 유지하기 위해서는 추가 증거금을 납부하여야 한다. 만약 추가증거금을 납부하지 않는다면 거래소는 강제로 반대 매매를 통해서 정산 후에 이 계약을 종료하게 된다.

〈표 5.3〉 통화별 증거금율

상품명	위탁증거금	유지증거금
달러선물	5.33%	3.55%
엔선물	7.50%	5.00%
유로선물	5.78%	3.85%
위안선물	3.98%	2.65%

자료: 삼성선물.

5.4 통화선물가격의 결정: 보유비용 모형

통화선물의 이론 가격은 금융기관을 이용하여 미리 현물을 매입한 후 이를 만기까지 보유하는 비용과 동일하다고 할 수 있다. 이는 마치 서울에서 부산으로 가는 여행을 할 때 비행기와 KTX가 모두 이용 가능한 경우, KTX 발권비용이 경쟁으로 인해 비행기 여행 비용과 유사해지는 것과 비교될 수 있다.

이를 좀 더 구체적으로 설명하기 위해 먼저 $r_{t,T}$와 $r_{t,T}^*$를 시점 t에서 T까지의 원화대출이자율 및 외화대출이자율로 각각 정의하자. 다음으로 임의의 시점 t에 미래의 T기에 수입업자가 1달러를 얻도록 설정하는 방법에는 다음의 두 가지가 있다고 가정하자. 첫째, $F_{t,T}$의 가격으로 통화선물 1달러를 매입하는 것이다. 이를 시점 T기준으로 계산하면 소요 비용은 $F_{t,T}$원/달러가 된다.[70] 둘째, T기에 1달러가 되도록 달러를 미리 구입하여 보유하는 것이다. 즉, t시점에 $1/(1+r_{t,T}^*) \times S_t$원에 해당하는 원화를 대출받아 $1/(1+r_{t,T}^*)$ 달러를 매입하여 이를 외화 예금하여 T기에 원금과 이자의 합인 1달러를 수취한다. 이 과정에서 t시점에 $1/(1+r_{t,T}^*) \times S_t$원만큼 받은 원화 대출의 비용이 소요되며, 이를 T기 시점으로 현재가치로 환산하면 $(1+r_{t,T})[1/(1+r_{t,T}^*)] \times S_t$원이 된다.[71]

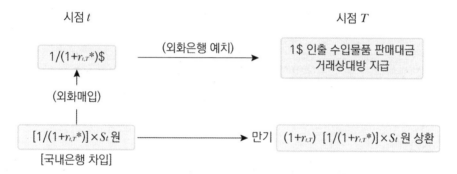

〈그림 5.8〉 미래 지급 1$를 미리 구입하는 수입업자의 거래

그런데 위의 두 가지 방법의 비용은 균형수준에서 차익거래로 인해 다음과 같이 동일하게 된다.[72]

$$F_{t,T} = (1+r_{t,T})/(1+r_{t,T}^*) \times S_t \tag{5.1}$$

선물가격   이자요인   현물환율

---

70) 만일 t기 기준이라면 할인이 필요하다.

71) 현재 시점에서 미래의 자산가치는 이자율로 할인하며 따라서 현재 시점에서 과거의 자산가치는 이자율로 할증하게 된다.

72) 시간 t가 선물만기 T에 가까워질수록 이자율 $r_{t,T}$와 $r_{t,T}^*$는 0에 가까워지고 선물가격 $F_{t,T}$은 t기 현물가격 S_t에 가까워진다.

식(5.1)을 통화선물 이론 가격의 결정방식을 나타내는 유비용 모형(cost-of-carry)이라고 한다. 만일 이들 가격이 서로 다른 경우에는 차익거래의 기회가 발생한다. 이러한 보유비용모형에 따르면 통화선물환율은 현물환율 및 국내이자율 과정의 비례관계에 있으며 해외이자율과는 음의 비례관계에 있음을 알 수 있다.

예를 들어, 현물환율이 $S_t = 1,000$원/달러이며 한국과 미국의 연간 이자율이 $r = 10\%$, $r^* = 4\%$일 때 1개월 또는 3개월 후 통화선물의 이론 가격을 구해보면, 1개월 후는 $F_{t,T} = (1 + 0.1 \times 1/12)/(1 + 0.04 \times 1/12) \times 1,000 = 1004.98$로 주어지며 3개월 후는 $F_{t,T} = (1 + 0.1 \times 3/12)/(1 + 0.04 \times 3/12) \times 1,000 = 1014.85$로 주어진다.

📄 **예제 5.2**

현물환율이 $S_t = 10$원/엔이며 한국과 일본의 연간 이자율이 $r = 5\%$, $r^* = 2\%$ 일 때 6개월 후 선물 이론 가격은 얼마인가?

한편 식(5.1)에서 국내이자율이 해외 이자율보다 높으면(즉, $r_{t,T} > r_{t,T}^*$이면), 선물환율이 현물환율을 상회($F_{t,T} > S_t$)함을 알 수 있다. 반면 국내이자율이 해외 이자율보다 낮으면(즉, $r_{t,T} < r_{t,T}^*$이면), 선물환율이 현물환율을 하회($F_{t,T} < S_t$) 함을 알 수 있다.

한편 통화선물의 가격이 보유비용모형 위배 시에는 다음 두 가지 형태의 차익거래(arbitrage)가 가능해진다.[73] 이는 사과를 싸게 사서 비싸게 파는 것과 같이 외화를 싸게 사서 비싸게 파는 계약을 통해 이익이 발생하며 다시 보유비용 모형이 성립하도록 만드는 동인으로 작용한다. 이는 무위험 차익거래(riskless arbitrage)의 한 형태이다.

보유비용 모형의 위배는 통화 선물가격과 현물보유비용 중 싼 경우를 기준으로 다음의 두 가지 경우 구분된다.

먼저, 현물보유 차익거래(cash-and-carry arbitrage)로 지칭되는 경우로 T 기에 선물가격(매각)보다 현물보유비용이 낮은 경우이다. 즉, 다음의 부등식이 성립하는 경우이다.

---

73) 굳이 차익거래를 하지 않더라도 유리한 헷지 방법을 계산하는 수단이 된다.

$$F_{t,T} \qquad > (1+r_{t,T})/(1+r_{t,T}{}^{*}) \times S_t$$

T기 선물 매도약정가격 t기 현물 구입가격(비용)

이 경우 t기에 현물로 외화를 사서 T기까지 보유하며 동시에 T기에 통화선물로 파는 것에서 이윤 창출이 가능하다. <그림 5.9>를 참조하라. 구체적 절차는 다음의 순서를 따른다.

1. T기에 $F_{t,T}$원을 받기로 하고 1\$를 선물 매도하는 계약을 체결한다.
2. t기에 S_t의 가격으로 $1/(1+r_{t,T}{}^{*})$\$의 외화를 매입한다. 매입 대금은 원화 대출 받은 것으로 조달하며, 총 구입 대금은 $S_t/(1+r_{t,T}^{*})$원이 된다. $1/(1+r_{t,T}{}^{*})$\$의 매입 외화는 T기 후는 이자로 인해 1\$가 되며 이를 앞서 계약한 선물매도에 충당한다.
3. T기에 선물 매입자에게서 받은 $F_{t,T}$원으로 t기의 외화 구입대금 $(1+r_{t,T})/(1+r_{t,T}{}^{*}) \times S_t$를 상환하며 차익 $F_{t,T} - (1+r_{t,T})/(1+r_{t,T}{}^{*}) \times S_t$가 이런 거래의 차익이 된다.

만일 이와 같은 현물보유 차익거래가 계속 가능하면 달러화 선물 매도 수요가 증가하여 선물환율 $F_{t,T}$가 보유비용 모형이 성립할 때까지 하락하게 된다.

〈그림 5.9〉 $F_{t,T} > (1+r_{t,T})/(1+r_{t,T}{}^{*}) \times S_t$(현물보유 차익거래)

다음은 역현물보유 차익거래(reverse cash−and−carry arbitrage)로 지칭되는 경우로 T기에 선물가격(매입)보다 t기의(先) 공매도 수익이 높은 경우이다. 즉, 다음의 부등식이 성립하는 경우이다.

$$F_{t,T} \qquad < (1+r_{t,T})/(1+r_{t,T}^{*}) \times S_t$$

T기 매입가격 　　　　　 t기 공매도 수익

이 경우 t기에 외화를 은행에서 차입하여 미리 팔며, 동시에 T기 통화선물을 매입하여 차입 외화를 상환하는 것에서 이윤 창출이 가능하다. <그림 5.10>을 참조하라. 구체적 절차는 다음의 순서를 따른다.

1. T기에 $F_{t,T}$원을 주기로 하고 1\$를 선물 매입하는 계약을 체결한다.
2. t기에 은행에서 $1/(1+r_{t,T}^{*})$\$의 외화를 T기까지 차입하여 S_t원/달러의 환율로 공매도(short sale)한다.
3. (2)에서 차입한 외화는 T기가 되면 이자 비용 때문에 총상환금액이 1 \$가 되며 이는 $F_{t,T}$원으로 매입한 T기 선물 매입으로 상환한다.
4. (2)에서의 원화 매각 대금 $S_t/(1+r_{t,T}^{*})$원은 T기까지 은행예치하면 이 자수익 때문에 $(1+r_{t,T})/(1+r_{t,T}^{*}) \times S_t$원이 된다.

만일 이와 같은 역현물보유 차익거래가 계속 가능하면 달러화 선물 매입 수요가 증가하여 선물환율 $F_{t,T}$가 보유비용 모형이 성립할 때까지 상승하게 된다.

〈그림 5.10〉 $F_{t,T} < (1+r_{t,T})/(1+r_{t,T}^{*}) \times S_t$(역현물보유 차익거래)

예를 들어, 만기 원/달러 6개월물의 경우 통화선물 보유 모형을 이용하여 어떤 차익 거래가 가능한지 알아 보자. 먼저 미국이자율 4%, 한국 이자율 2% 현물환율: 1,100원/달러, 선물환율 1,200원/달러라고 가정하자. $F_{t,T}=1,121.10$이면 $(1+r_{t,T})/(1+r_{t,T}^{*}) \times S_t = (1.0141/1.0014) \times 1,130.03 = 1,144.36$이므로 $F_{t,T}$ > $(1+r_{t,T})/(1+r_{t,T}^{*}) \times S_t$이며 따라서 현물 보유 차익거래가 가능하다.

📄 **예제 5.3**

만기 원/달러 T=3,9,12월 선물에서 현물보유 및 역현물보유 차익거래가 가능한지를 조사하라. 필요한 자료를 얻기 위해서는 다음 사이트를 이용하라.

• 현물환율(S_t): 하나은행 웹사이트.

• 미국 재무성 증권 이자율($r_{t,T}^*$): 블룸버그

  http://www.bloomberg.com/markets/rates-bonds/government-bonds/us/

• 선물환율($F_{t,T}$): 한국거래소

  http://www.krx.co.kr/m3/m3_1/m3_1_1/JHPKOR03001_01.jsp

• 국내 이자율($r_{t,T}$): 대출금리 한국은행

  http://www.kofiabond.or.kr/DPRP/index.asp?id=m07_0101

아래 <표 5.4>에는 미국 달러 선물의 세부정보를 나타내고 있다.

〈표 5.4〉 미국 달러 선물 상세정보

구분		내용
상장거래소	Exchange	한국거래소(KRX: Korea Exchange)
거래대상	Underlying Asset	미국달러화(USD)
거래단위	Contract Size	US $10,000
결제월	Contract Month	분기월 중 12개, 그 밖의 월 중 8개
상장결제월	Number of Contracts listed	1년이하 결제물: 매월 1년초과 결제물: 3,6,9,12월(최장 3년, 20개 결제월)
가격의 표시	Price Quotation	US $1당 원화
최소가격변동폭	Tick	0.10원
최소가격변동금액	Tick Value	1,000원(US $10,000×0.10원)
거래시간	Trading Hours	09:00~15:45(최종거래일 09:00~11:30)
최종거래일	Last Trading Day	결제월의 세 번째 월요일(공휴일인 경우 순차적으로 앞당김)
최종결제일	Final Settlement Day	최종거래일로부터 기산하여 3일째 거래일
결제방식	Settlement	인수도 결제
가격제한폭	Daily Price Limit	기준가격 대비 상하 ± 4.5%
단일가격경쟁거래	Open/closing auction	개장시(08:30~09:00) 및 거래종료시(15:35~15:45), 최종거래일 거래종료시(11:20~11:30)

자료: 삼성선물.

때에 따라서는 헷지대상 시점과 거래소에 의해 주어지는 통화선물의 만기가 일치하지 않는 경우가 더 많다. 또 헷지대상 외환이 거래소에 상장되어 있지 않는 경우의 헷지 방법도 필요하다. 다음 절에서는 이 경우들의 헷지 방법을 소개하기로 한다.

가. 헷지대상 시점과 통화 선물의 만기가 일치하지 않는 경우의 헷지

먼저 시점 0에 수출업자가 미래의 시점 1에 유입되는 미화 1달러의 매각이 필요하지만 만기가 이와 일치하는 선물이 없다고 가정하자. 이 경우에는 다음의 세 단계로 헷지한다. 첫째, 시점 0에 만기가 헷지 대상 시점 1 이후인 선물 중 '현물매입시점과 가장 가까운 근월물(near-month futures, 만기 $T > 1$)'인 1달러 선물의 매도계약을 체결한다. 둘째, 이후 외화 현물 1달러의 유입 시점 1에 만기가 T인 1달러를 선물의 매입계약을 체결한다. 셋째, 유입되는 1달러를 시점 1에 현물 매각한다.

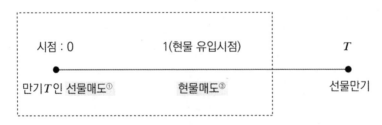

<그림 5.11> 만기 불일치 경우의 매도 헷지 흐름도

이때, S_1은 현물 유입 시점1의 1$당 현물환율, $F_{0,T}$은 시점0의 만기 T인 선물환율, $F_{1,T}$은 시점1의 만기 T인 선물환율을 각각 나타낸다고 하자. 이러한 헷지가 가져오는 손익은 먼저 T기 기준으로, 첫째, 0기의 1달러 선물 매도로

$F_{0,T}$ 원화가 유입(+)되며, 둘째, 1기의 선물매입으로 $F_{1,T}$ 원화 유출(−)이 발생한다. 이에 따라 순수취금액은 $F_{0,T} - F_{1,T}$가 된다. 셋째, 1기의 현물 매도로 1\$당 S_1의 원화가 유입(+)된다. 이러한 계약의 결과로 만기 T에 외화현물과 선물의 순포지션은 −1\$가 된다는 점에 유의하자.

한편 이러한 거래의 최종 손익은 다음 식으로 정리되는데 이를 '실효 가격'이라고 부르며 이는 원래 외환의 판매 가격인 S_1과 비교하여 실질적으로 받게 되는 금액이라는 의미로 사용된다.

$$S_1 + F_{0,T} - F_{1,T} = F_{0,T} + basis \tag{5.2}$$

받음 받음 줌

그런데 여기서 S_1의 원화 유입은 1기 기준으로 평가되고 $F_{0,T} - F_{1,T}$의 원화 유입은 T기 기준으로 평가되어 평가시점이 다름으로 엄밀하게는 이자율로 현재가치를 평가하여 실효가격을 산정하여야 한다. 즉, 1기를 기준으로 T기의 가치를 할인하거나 반대로 T기를 기준으로 1기의 가치를 할증하거나 하여야 한다. 그러나 1기와 T기의 차이가 작은 근월물로 가정하였으므로 이러한 차이는 무시한다.[74]

식(5.2) 중 실효가격의 구성요소 중 0기에 확정되는 선물환율 $F_{0,T}$을 제외한 나머지 부분 $S_1 - F_{1,T}$은 0기에 확정되지 않은 확률변수로 '베이시스(basis)'라고 불린다. 이 베이시스는 헷지 대상과 만기가 일치하지 않은 경우($1 \neq T$)에 발생한다. (반대의 경우, 즉 $T=1$이어서 헷지 대상과 만기가 일치하는 경우 $S_1 = F_{1,T}$이며 베이시스는 0이 된다.)

따라서 베이시스 때문에 위에 제시한 헷지는 최종적으로 가격의 변동성이 남아있는 불완전 헷지가 된다. 그러나 헷지하지 않은 경우에는 가격 S_1에 매각하므로 S_1이 리스크가 되지만, 위의 방식으로 헷지하는 경우 리스크는 여기서 $F_{0,T}$를 차감한 베이시스에 그치게 된다.

---

74) 예를 들어, 1기 기준으로 $F_{0,T}$ 대신 $F_{0,T}/(1+r_{1,T})$를 사용해야 하나 1과 T가 가까운 경우 $F_{0,T}$로 근사할 수 있다. 물론 근월물이 아닌 경우 이자비용이 발생하며 실효가격 산정에 이를 반영하여야 한다.

한편 현물의 유입시점 1과 선물의 만기 T가 가까워지면 S_1과 $F_{1,T}$가 가까워지므로[75] 베이시스 역시 작아지며 리스크가 모두 제거된 완전헷지에 가까워진다. 이는 현물유입 시점과 가까운 근월물 매도 헷지일수록 환위험의 회피 정도가 높아짐을 의미한다.

이런 근월 통화선물로 헷지하는 것은 헷지하지 않는 것과 어떤 차이가 있을까? 헷지의 본래 목적은 보유 자산(달러)의 가치 변동성(예 분산)을 최소화하는데 있다. 즉, 헷지하지 않는 경우 시점 0을 기준으로 $Var(S_1)$의 변동성을, 근월 통화선물로 헷지하는 것은 $Var(S_1 - F_{1,T})$의 변동성을 각각 가져온다. 그런데 앞에서 선물가격은 보유 비용 모형에 따라 주어지므로 후자의 분산은 식(5.1)로부터 다음과 같이 쓸 수 있다.

$$Var(S_1 - F_{1,T}) = Var[(r_{1,T} - r_{1,T}{}^{*})/(1 + r_{1,T}{}^{*}) \times S_1]$$

따라서 단기에서 변동성이 크지 않은 이자율이 비확률 변수인 경우로 가정하면, 무헷지 및 헷지 시의 분산차이는 다음과 같이 주어진다.[76]

$$Var(S_1) - Var(S_1 - F_{1,T}) = [1 - (r_{1,T} - r_{1,T}{}^{*})^2/(1 + r_{1,T}{}^{*})^2] \, Var(S_1)$$
$$= \frac{(1 - r_{1,T}{}^{*}) + 2r^{*}(1 + r_{1,T})}{(1 + r_{1,T}{}^{*})^2} \, Var(S_1) > 0$$

위 식에서 이자율은 1보다 작은 양의 값으로 보았다. 따라서 무헷지의 경우 분산이 헷지하는 경우보다 분산이 크며 그 정도는 환율변동성이 클수록 그 차이가 확대된다고 할 수 있다.

예를 들어, 100일 후 수출 대금 100만 달러 수취 예정이어서 4개월 후가 만기인 달러화 선물로 헷지하고자 한다. 현재 환율은 1,000원/달러, 4개월 만기 달러환 선물가격은 1,020원/달러라고 한다. 100일 후 현물 및 선물환율(지금으로

---

75) 이는 보유모형을 이용한 선물가격 $F_{1,T} = (1 + r_{1,T})/(1 + r_{1,T}{}^{*}) \times S_1$에서 이해될 수 있다. 즉, 시간 1이 선물만기 T에 가까워질수록 이자율 $r_{1,T}$와 $r_{1,T}{}^{*}$는 0에 가까워지고 $(1 + r_{1,T})/(1 + r_{1,T}{}^{*})$는 1에 가까워진다. 따라서 선물가격 $F_{1,T}$은 t기 현물가격 S_1에 가까워진다.

76) 이자율 차이가 커지면 베이시스 위험도가 커진다.

부터 4개월 후 만기)이 하락과 상승 시 각각 다음과 같을 때 헷지(10계약)함으로서 얼마에 매각한 결과(실효가격)를 가져오는가는 다음 표와 같이 계산할 수 있다.

	하락 시	상승 시
현물환율	900원/달러	1,110원/달러
선물환율	910원/달러	1,130원/달러
실효가격	900+1,020-910=1,010원/달러	1,110+1,020-1,130=1,000원/달러

다음으로 시점 0에 수입업자가 시점 1에 유출되는 미화 1달러의 매입이 필요하지만 만기가 이와 일치하는 선물이 없다고 가정하자. 이 경우에도 마찬가지로 다음의 세 단계로 헷지한다. 첫째, 시점 0에 만기가 헷지 대상 시점 1 이후인 선물 중 '현물매입시점과 가장 가까운 근월물(near-month futures, 만기 $T > 1$)'인 1달러 선물의 매입계약을 체결한다. 둘째, 이후 외화 현물 1달러의 유출 시점 1에 만기가 T인 1달러를 선물의 매도계약을 체결한다. 셋째, 유출되는 1달러를 시점 1에 현물 매입한다.

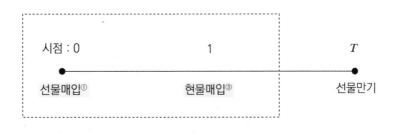

선물매도② (반대매매)

〈그림 5.12〉 매입 헷지 흐름도

이러한 헷지가 가져오는 손익은 먼저 T기 기준으로, 첫째, 0기의 1달러 선물 매입으로 $F_{0,T}$ 원화가 유출(−)되며, 둘째, 1기의 선물매도로 $F_{1,T}$ 원화 유입(+)이 발생한다. 이에 따라 순지급금액은 $F_{0,T} - F_{1,T}$가 된다. 셋째, 1기의 현물 매입으로 1\$당 S_1의 원화가 유출(−)된다. 이러한 계약의 결과로 외화현물과 선물의 순포지션은 만기 T에 +1\$가 된다는 점에 유의하자.

한편 이러한 거래의 최종 손익은 다음 식으로 정리되는데 이를 '실효 가격'

이라고 부르며 이는 원래 외환의 매입 가격인 S_1과 비교하여 실질적으로 지급되는 금액이라는 의미로 사용된다.

$$S_1 + F_{0,T} - F_{1,T} = F_{0,T} + basis$$

줌   줌   받음

실효가격의 구성요소 중 0기에 확정되는 선물환율 $F_{0,T}$을 제외한 나머지 부분 $S_1 - F_{1,T}$은 0기에 확정되지 않은 베이시스가 된다.

예를 들어, 100일 후 수입 대금 100만 달러 지급 예정이라고 한다. 4개월 후가 만기인 달러화 선물로 이를 헷지하고자 한다. 현재 4개월 만기 달러화선물 가격은 1,030원/달러($F_{0,T}$)라고 한다. 100일 후 현물 및 선물환율이 각각 다음과 같을 때 헷지(10계약)함으로서 얼마에 매입한 결과(실효가격)를 가져오는가는 다음 표와 같이 계산할 수 있다.

	하락	상승
현물환율	950원/달러	1,000원/달러
선물환율	1,000원/달러	1,100원/달러
실효가격	-950-1,030+1,000=-980원/달러	-1,000-1,030+1,100=-930원/달러

나. 교차헷지

헷지대상 외환이 거래소에 상장되어 있지 않는 경우의 헷지 방법도 때에 따라 필요하다. 헷지대상 현물과 동종인 외화의 선물을 이용하여 헷지하는 것을 단순헷지(naive hedging)라 한다. 예를 들어, 1$ 현물을 1$ 선물과 맞교환하는 형식이다. 그런데 달러, 엔, 유로, 위안 선물은 거래소에 거래대상인데 만일 파운드화가 선물이 거래대상이 아닌 경우 단순 헷지를 통해 헷지할 수 없다.

이와 같이 A화의 환위험을 헷지하고자 하는데 A화선물이 거래되지 않는 경우 A화와, 상관성이 높으며 거래 가능한 B화 선물을 이용하여 헷지하는 것을 교차헷지(cross hedging)라고 한다.

이러한 교차헷지 방법을 헷지대상 시점과 선물의 만기가 일치하지 않는 경우까지 가정하여 설명하기로 한다. 이를 위하여 S_0와 S_1를 0와 1기의 A화 현물환율(예 원/파운드), $F_{0,T}$, $F_{1,T}$를 각각 0 및 1기의 만기가 T기인 B화의 선물환율(예 원/달러)이라고 정의하자.

다음으로 0기에 영국에 대한 수출로 인해 미래의 시점 1에 대금인 A화 1단위(예 1파운드화)의 유입이 예상된다고 가정하자. 이 경우 A화의 헷지는 B화의 유입 발생을 전제로 B화를 헷지하는 방식으로 진행한다. 즉, 먼저 시점 0에 A화 1단위당 B화의 선물 h단위(예 1파운드당 h달러, $hF_{0,T}$원 유입)를 매도하고, 다시 시점 1에는 A화 1단위당 B화의 선물 h단위를 매입(예 h달러, $hF_{1,T}$원 유출)한다. 마지막으로 시점 1에 A화를 현물 매도(S_1원 유입)한다.

이에 따라 위와 같은 교차헷지에 따른 실효 가격의 현금흐름은 다음과 같이 주어진다.

$$S_{1\,원/파운드} - h_{달러/파운드} \cdot F_{1,T\,원/달러} + h_{달러/파운드} \cdot F_{0,T\,원/달러}$$
$$= (S_1 - hF_{1,T} + hF_{0,T})_{원/파운드}$$

여기서 h는 A화(파운드)당 얼마의 B화(달러) 선물이 필요한지를 표시하게 된다. 예를 들어, x파운드를 헷지해야 한다면 이는 hx달러의 통화선물 계약으로 교차헷지를 수행한다.

한편 최종적인 교차헷지의 목적은 실효가격$[E = S_1 - h(F_{1,T} - F_{0,T})]$의 위험(분산으로 표시)을 최소화하는 것이며 이를 달성하기 위한 1A화당 B화선물 비율 h를 정하는 것이 필요하다.

이를 위하여 먼저 시점 0 기준 원/A화 현물환율 변동을 $s = S_1 - S_0$, 원/B화 선물환율 변동분은 $f = F_{1,T} - F_{0,T}$로 정의하자. 한편 S_0와 $F_{0,T}$는 시점 0에 알려진 비확률변수이므로 시점 0에 두 변수 $E - S_0$와 E의 분산은 동일하다. 여기서 실효가격 $E - S_0$의 분산은 다음으로 주어진다.[77]

---

[77] 한편 S_0와 $F_{0,T}$는 시점 0에 알려진 비확률변수이므로 시점 0에 $E - S_0$와 E의 분산은 동일하다.

$$Var[S_1 - h(F_{1,T} - F_{0,T})] = Var[S_1 - S_0 - h(F_{1,T} - F_{0,T})]$$
$$= Var(s - hf)$$

예를 들어, $h = 1$이고 $T = 1$이면 $S_1 = F_{1,1}$이므로 실효환율은 $S_1 - S_0 -$ $(F_{1,1} - F_{0,1}) = F_{0,1} - S_0$이 되며[78] 변동성은 0이 된다. 즉, 파운드화로 헷지하고 선물만기가 현물이 유입시기와 일치하면 실효 환율은 $F_{0,T}$로 고정이며 완전헷지를 의미한다. 그러나 $h \neq 1$이면 $1 = T$이더라도 베이시스가 존재한다.

그러면 이런 교차헷지에 따른 변동성, 즉 베이시스의 분산을 최소화 하려면 h, 즉 대리헷지를 위해 계약하는 통화의 비율은 어떻게 선정하여야 하는가가 중요해진다. 이는 과거의 0에서 1까지의 기간 동안 헷지 대상화폐의 현물환율 변동, 즉 s를 선물환율 변동 f를 통해 예측할 때 이 예측 오차$(s - hf)$의 분산을 가장 작게 만드는 h를 통해 이루어진다고 할 수 있다.

예를 들어, s와 f가 모두 0의 기댓값을 갖는 변수라고 가정하자.[79] 그러면 다음과 같은 전개가 가능해진다.

$$Var(s - hf) = Var(s) + h^2 Var(f) - 2h Cov(s,f)$$

여기서 $Cov(s,f)$는 두 변수들 간의 공분산을 나타낸다. 이 분산을 최소화 하기 위해 h에 대하여 미분을 한 후 1계조건으로부터 $s - hf$의 분산을 최소화 하는 h는

$$h^* = Cov(s,f) / Var(f)$$

와 같이 얻을 수 있다. 이를 최소분산 헷지비율 또는 최적 헷지 비율이라고 부른다. 이를테면 위의 예에서 h^*는 달러/파운드 현물환율 변동과 원/달러 선물환율 변동의 공분산을 달러화 선물변동의 분산으로 나누어 주는 계수인 것이다. <그림 5.13>을 참조하라. 물론 이러한 분산과 공분산은 과거의 환율 변동자료를 통해 추정되어야 한다.

---

78) $S_1 = F_{1,1}$이기 때문이다.
79) 앞에서 서술하였다시피 환율은 통상 임의보행을 하므로 이러한 가정이 강한 것은 아니다.

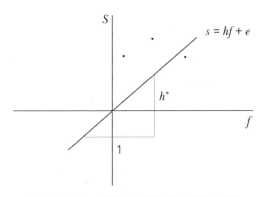

〈그림 5.13〉 교차헷지 최적 헷지 비율 추정

　그러면 대리 선물로 이용하는 통화는 어떤 것을 선택하여야 하는가? 예를 들어, 파운드화의 대리 선물 통화로 달러화와 유로화가 있다면 두 통화 중 어느 것을 선택하여야 하는가? 이에 대한 해를 얻기 위하여 h^*를 이용한 $Var(s-hf)$의 최소값이 다음과 같이 주어지는 것을 이용한다.

$$Var(s-h^*f) = Var(s) - Cov(s,f)^2/Var(f)$$
$$= Var(s)[1 - Corr(s,f)^2]$$

　여기서 $Corr(s,f)$는 두 변수들 간의 상관계수를 나타낸다. 이 식은 어떤 주어진 대리 통화에 대한 최소 변동성을 나타내며 통화의 선택에 따라 달라진다. 이는 A통화 현물 및 B통화선물 변동이 밀접하게 동조화 하도록 B통화를 선택(즉, 상관계수 $Corr(s,f)$가 가장 큰 통화를 선택)하는 것이 교차헷지의 분산을 최소화하는 선택임을 나타낸다.

　예를 들어, 3월 1일 현재 수출업자가 2개월 후 받게 되는 100만파운드를 3개월 후가 만기인 달러 선물로 교차헷지한다고 가정하자. 현물 유입 시점 1이 2개월, T는 3개월이라고 하자. 한편 과거 자료로부터 $F_{1,T} - F_{0,T}$와 $S_1 - S_0$에 대한 다음의 자료를 얻을 수 있다고 한다.

자료 예

시기	$F_{1,T} - F_{0,T}$	$S_1 - S_0$
1	1	4
2	4	7
3	3	2
4	-3	-5
5	0	2
6	2	5

이로부터 $h^* = 1.61$를 얻을 수 있으며 따라서 100만파운드*1.61 = 161만 달러(161계약)를 선물 매도로 교차헷지한다.

 [경제기사로 얻는 금융시장 지식]

뉴스와 해석

이르면 다음 달부터 국내 개인투자자자들도 중국 대표 전자업체인 청도 하이얼과 자동차 업체 상하이자동차 주식 등 중국 본토 주식을 직접 투자할 수 있게 된다. 그간 중국 본토 증시에 투자하려면 적격해외기관투자가(QFII)나 위안화 적격해외기관투자가 (RQFII) 자격을 받아야 했다. 개인 투자자들은 기관이 조성한 펀드를 통해서만 중국 증시에 간접 투자할 수 있었다. 하지만 다음달 후강퉁 제도가 시행되면 국내 개인투자자자들도 중국 본토 주식을 사고 팔 수 있는 길이 열리게 된다. 후강퉁은 홍콩과 상하이 증권거래소의 교차매매를 허용하는 제도다. 해외 개인투자자들은 홍콩 증권사를 통해 상하이 주식을 사고 팔 수 있고, 중국 본토 투자자들은 상하이 증권사를 통해 홍콩 주식을 매매할 수 있다. 중국 정부가 인증한 적격 기관투자자를 통해서만 거래할 수 있었던 중국 본토 증시의 벽이 대폭 낮아진 것이다. 〈한국경제신문, 2014.11.12.〉

이러한 중국 주식시장의 개방은 외국인 단기 투자의 유출입을 늘려 위안화 환율의 변동성을 크게 할 수 있다. 국제금융이론에서 통화정책의 자율성, 자본이동성 및 고정환율제도는 동시에 달성이 불가능하다는 것은 잘 알려져 있다. 그러므로 중국이 후강퉁 제도 도입으로 자본이동성을 높인다는 의미는 고정환율제도를 포기한다는 의미로 받아들일 수 있다. 이에 따라 장기적으로 위안화 환율에 대한 헷지 수요가 늘 것으로 전망된다.

1. ( ) 안을 채우시오.

   a. 통화선물에서 증거금 계좌의 잔고가 거래소가 정해 놓은 ( ) 수준 이하가 되면 다음날 일정 시간까지 증거금 잔고가 ( ) 수준으로 회복되도록 금액을 납입하라는 ( )을 받는다.

   b. 헷지대상 시점과 선물의 만기가 일치하지 않는 경우 리스크가 남아있는 부분인 헷지 대상 시점의 현물과 선물 차이를 ( )라 한다.

   c. ( )란 현물을 보유하고 있는 것이 없는 경우에 현물을 타인으로부터 빌려서 매도하고 나중에 현물을 매입하여 포지션을 청산하고 빌린 현물을 상환하는 것이다.

2. 현물환율이 1,000원/달러, 국내이자율 10%, 해외 이자율 4%인 경우 1개월 후 선물 이론 가격이 1,010인 경우 어떤 차익거래가 가능한가? 설명하라.

3. 100일 후 수입 대금 100만 달러를 송금할 예정이어서 4개월 후가 만기인 달러화 선물로 헷지하고자 한다. 현재 환율은 1,000원/달러이고 4개월 만기인 달러선물가격은 1,020원/달러이다. 100일 후 현물 및 선물환율이 각각 다음과 같을 때 헷지함으로서 얼마에 매입한 결과(실효가격)를 가져오는가?

	하락	상승
• 현물환율:	950원/달러	1,050원/달러
• 선물환율:	980원/달러	1,100원/달러

4. 다음 사항이 맞는지 ○ 또는 ×로 표시하라.

   a. 참여 선물환에서 보호수준인 행사가격을 낮추면 참여 비율은 높아지게 된다.

   b. 약세 스프레드란 환율 하락 예상 시에 선택하며 2개 이상의 다른 종류의 옵션을 이용하여 포지션(매입 또는 매도)을 취하는 것을 말한다.

   c. 통화선물의 역현물보유 차익거래란 만기에 선물로 사되 금기에 현물로 미리

파는 것에서 이윤 창출한다.

5. 3개월 만기 통화선물 계약 환율이 1,000원/달러라 하자. 위탁증거금과 유지증거
   금률이 각각 15%, 10%라고 하면 마진콜은 통화선물 환율이 얼마 이하인 경우
   받게 되는가?

6. 현물환율이 1,200원/달러이며 연간 이자율이 한국 12%, 미국 4%일 때 3개월
   만기 선물 이론 가격은?

7. 100일 후 수입 대금 100만 유로 지급 예정: 4개월 후가 만기인 유로화 선물로
   헷지하고자 한다. 현재 환율은 1,010원/유로이며 4개월 만기 달러화선물가격은
   1,030원/유로라고 한다. 100일 후 현물 및 선물환율이 각각 다음과 같을 때 헷
   지의 실효가격은 각각 얼마인가?

8. 150만파운드를 달러화로 헷지하고자 한다. 최적 헷지 비율은 3달러/파운드라고
   한다. 이 경우 헤지거래 달러화계약 수(1계약 100만 달러 가정)는 얼마인가?

   (150만파운드×3달러/파운드)/1만 달러＝4.5계약

9. 현물환율이 달러당 1,000원, 한국의 연간 이자율이 5%, 미국의 연간 이자율이
   2%라고 하자. 9개월 후 통화선물의 이론가격은?

10. 수출업자가 100일 후 수출대금 50만 달러를 수취한다. 달러화 가치하락을 염려
    하여 4개월 후 만기인 달러화 선물을 이용하여 헷지하고자 한다. 현재 환율은
    1000원/달러이고, 4개월만기 달러화 선물의 가격은 1,050원/달러이다. 100일
    후 환율이 870원/달러, 선물가격이 930원/달러라면 실효가격은 얼마인가?

11. 200만파운드를 달러화로 헷지하고자 한다. 최적 헷지 비율은 5달러/파운드라고
    한다. 이 경우 헤지거래 달러화계약 수는?

12. 현물환율이 달러당 1,200원, 한국의 연간 이자율이 4%, 미국의 연간 이자율이
    2%라고 하자. 6개월 후 통화선물의 이론가격은?

13. 수입업자가 100일 후 수입대금 100만 달러를 송금한다. 달러화 가치상승을 염려하여 4개월 후 만기인 달러화 선물을 이용하여 헷지하고자 한다. 현재 4개월만기 달러화 선물의 가격은 1,100원/달러이다. 100일 후 현물가격이 1,200원/달러, 선물가격이 900원/달러라면 실효가격과 베이시스는 각각 얼마인가?

14. 200만파운드를 달러화로 헷지하고자 한다. 최적 헷지 비율은 5달러/파운드라고 한다. 이 경우 헤지거래 달러화계약 수는?

15. 3개월 만기 통화선물 계약 환율이 2,000원/달러라 하자. 위탁증거금과 유지증거금율이 각각 15%, 10%라고 하면 마진콜은 통화선물 환율이 얼마 이하인 경우 받게 되는가?

16. 100만 파운드를 달러화로 교차헷지하고자 한다. 원/파운드 현물환율 변동은 s, 원/달러 선물환율 변동은 f로 정의할 때 f의 분산을 5, s와 f의 공분산을 10이라 하자.

    a. 최적 헷지 비율을 구하라. (   )

    b. 100일 후 100만파운드가 입금될 예정이라고 한다. 환위험 헷지를 위해서는 1계약당 1만 달러인 경우 달러선물은 (   ) 계약을 (매입, 매도) 하여야 한다. a.의 답을 이용하여 답하여라.

17. 100일 후 수입 대금 100만 달러 지급 예정이라고 한다. 4개월 후가 만기인 달러화 선물로 이를 헷지하고자 한다. 현재 4개월 만기 달러화선물가격은 1,030원/달러라고 한다. 100일 후 현물 및 선물환율이 각각 다음과 같을 때 헷지함으로서 얼마에 매입한 결과(실효가격)를 가져오는가?

	하락	상승
• 현물환율:	950원/달러	1,000원/달러
• 선물환율:	1,000원/달러	1,100원/달러
실효가격	( )	( )

18. 3개월만기 통화선물가격이 1,250원/달러이며 현물환율은 1,030원/달러라고 한다. 연간이자율은 미국이 12%, 한국이 x%라 한다. 보유비용모형이 성립한다면 한국의 연간이자율은 얼마인가? (%)

19. 100만 파운드를 달러화로 교차헷지하고자 한다. 원/파운드 현물환율 변동은 s, 원/달러 선물환율 변동은 f로 정의할 때 f의 분산을 5, s와 f의 공분산을 15라 하자.

   a. 최적 헷지 비율을 구하라. ( )

   b. 100일 후 100만파운드가 입금될 예정이라고 한다. 환위험 헷지를 위해서는 1계약당 1만 달러인 경우 달러선물은 ( ) 계약을 (매입, 매도) 하여야 한다. a.의 답을 이용하여 답하여라.

20. 100일 후 수출 대금 100만 달러 수취 예정이어서 4개월 후가 만기인 달러화 선물로 헷지하고자 한다. 현재 환율은 1,000원/달러, 4개월 만기 달러환 선물가격은 1,020원/달러라고 한다. 100일 후 현물 및 선물환율(지금으로부터 4개월 후 만기)이 하락과 상승시 각각 다음과 같을 때 헷지(10계약)함으로서 얼마에 매각한 결과(실효가격)를 가져오는가?

	하락 시	상승 시
• 현물환율:	900원/달러	1,110원/달러
• 선물환율:	910원/달러	1,130원/달러
실효가격	( )	( )

21. 3개월만기 통화선물가격이 1,250원/달러이며 현물환율은 1,030원/달러라 한다. 연간이자율은 미국이 12%, 한국이 50%라 한다. 이 경우 (현물보유, 역현물보유) 차익거래가 가능하며 그 차익은 ( )이다.

5.6 금융기관 차입 대출을 이용한 헷지[80]

경우에 따라 앞서 설명한 선도환이나 통화선물을 환위험 헷지에 이용하기 어려운 경우가 있다. 이 경우 금융기관 차입과 대출을 적절히 이용하면 이들 상품을 복제할 수가 있다. 이 과정은 통화선물의 이론 가격을 도출하면서 5.5절에서 이미 설명한 바 있다.

이 방법은 외화를 미리 사거나 파는 방식으로 환변동 리스크를 제거하며 동시에 이에 필요한 자금은 대출받거나 여유 자금은 예치하는 등 금융기관을 이용하여 헷지를 수행하는 방식을 말한다. 다만 이 방법은 기업의 신용도가 높아 은행 차입이 용이한 경우에 대규모 헷지에 이용할 수 있다. 이 방법을 설명하기 위해 먼저 $r_{t,T}^{*}$와 $r_{t,T}$를 각각 t기에서 T기까지의 외화 및 원화 이자율로 정의하자.

첫째, 임의의 t기에 수입업자가 수입 대금 지급을 위해 미래의 T기에 1달러를 구입해야 한다고 하자. 이 경우 t기에 $1/(1+r_{t,T}^{*})$달러를 현물환율 S_t에 '미리' 구입하여 은행에 예치하면 만기에 1달러를 받을 수 있다. 이에 대한 구입 자금 $[1/(1+r_{t,T}^{*})] \times S_t$원은 t기에 T기까지 사용하는 것으로 원화대출을 받아 조달하며, 이는 T기 기준으로 원금과 이자를 합산한 $(1+r_{t,T})\,[1/(1+r_{t,T}^{*})] \times S_t$원이 상환요청 금액이 된다. 이는 전술하였듯이 통화선물의 매입 비용 $F_{t,T}$와 동일한 금액이다.

둘째, 임의의 t기에 수출업자가 수출 대금 매각을 위해 미래의 T기에 1달러를 매도해야 한다고 하자. 이 경우 t기에 $1/(1+r_{t,T}^{*})$달러를 은행에서 외화 대출 받아 S_t원에 '미리' 팔면,[81] 매각 원화대금 $[1/(1+r_{t,T}^{*})] \times S_t$원은 T기에 $(1+r_{t,T})\,[1/(1+r_{t,T}^{*})] \times S_t$원이 된다. 한편 대출받은 외화 대출금은 T기에 $(1+r_{t,T})/(1+r_{t,T}^{*})\$ = 1$달러가 되며 이는 T기에 받게 되는 수출대금 1달러로 상환한다. 이는 전술하였듯이 통화선물 매도가격 $F_{t,T}$와 동일한 금액이다.

---

80) 또한 통화선물의 이용 시 발생하는 보증금의 이자비용을 줄일 수 있는 장점도 있다.

81) 빌려서 파는 것을 공매도(short sale)라 한다.

1. (   ) 안을 채우시오.

   a. 통화선물 거래에서 증거금 계좌의 잔고가 유지 증거금 수준 이하가 되면 다음 날 일정 시간까지 증거금 잔고가 위탁증거금 수준으로 회복되도록 금액을 납입하라는 (   )을 받는다.

   b. 만기와 행사가격이 같은 풋과 콜로 구성하여 비용이 들지 않는 옵션 전략으로 리스크는 일정 수준으로 제한하고 발생가능 수익은 일정 부분 포기하는 것을 (   ) 선물환이라고 한다.

2. 다음 사항이 맞는지 ○ 또는 ×로 표시하라.

   a. 통화선물 거래에서 실제가격이 이론가격보다 높으면 역현물보유(reverse cahs-and-carry) 차익거래의 기회가 있다. (   )

   b. 통화선물 거래에서 헷지대상 시점과 만기가 일치하지 않는 경우 베이시스 리스크(basis risk)를 부담하게 된다. (   )

   c. 교차헷지를 할 경우에는 헷지 결과의 분산을 최대화하는 헷지 비율(maximum variance hedge ratio)을 선택한다. (   )

3. 다음 문제에 답하여라.

   a. 현물환율이 달러당 1,000원, 한국의 이자율이 6%, 미국의 이자율이 4%라고 하자. 6개월 후 선물의 이론가격은?

   b. 단국무역은 100일 후 수출대금 100만 달러를 수취한다. 달러화 가치하락을 염려하여 4개월 후 만기인 달러화 선물을 이용하여 헷지하고자 한다. 현재 환율은 1,000원/달러이고, 4개월만기 달러화 선물의 가격은 1,020원/달러이다. 100일 후 환율이 900원/달러, 선물가격이 910원/달러라면 실효가격은 얼마인가?

통화옵션(currency options)

통화옵션(또는 이하 옵션)은 선도환에 계약을 이행하지 않을 수 있는 권리를 합성한 파생금융상품이다. 옵션 거래는 외환은 물론 가격이 변하는 주식 또는 외환 같은 자산 또는 원유, 구리 같은 다른 상품에 대해서도 가능하다. 옵션 매입자의 경우 계약을 이행하지 않을 권리에 대한 대가로 프레미엄을 지급하며 프레미엄은 옵션의 만기, 행사가격에 의해 결정된다.

이러한 옵션은 거래 장소에 따라 만기, 행사가격, 거래단위 등을 규격화하고 있는 장내거래(예 한국 거래소 또는 미국의 Chicago Mercantile Exchange 등) 및 거래 상대방과 일대일로 이루어지는 장외거래(Over the counter)로 구분할 수 있다.[82]

옵션의 행사(옵션 매도자에게 매입 또는 매도를 요구하는 것을 말함)가 가능한 시점에 따라, 옵션은 유럽식과 미국식으로 구분한다. 유럽식 옵션(European option)은 계약 만기일에만 옵션의 행사가 가능하며, 미국식 옵션(American option)은 만기일까지 계약기간 내에 언제든 행사가 가능한 경우이다.

통화 콜옵션은 만기 시 또는 이전에 약정된 가격(행사가격으로 호칭, strike or exercise price)에 '외환을 살 수 있는 권리'이며, 풋옵션은 만기 시 또는 이전에 행사가격으로 '외환을 팔 수 있는 권리'를 말한다. 예를 들어, 2020년 1월 1일 만기가 3개월이며 행사가격이 1,100원인 달러화의 유럽식 콜옵션 100만 달러를 달러당 10원의 프레미엄에 매입할 수 있다.

옵션의 행사는 기본적으로 싸게 사서 비싸게 팔 수 있을 때(즉, 양의 이윤이 가능할 때) 이루어진다. 예를 들어, 콜옵션 매입 시 만기 시장환율이 행사가격보다 높을 때, 풋옵션 매입 시 만기 시장환율이 행사가격보다 낮을 때 각각 이윤이 발생하며 옵션의 행사가 이루어진다.

옵션의 행사는 이윤이 있을 때만 이루어지며 따라서 프레미엄을 제외하면 옵션의 이윤은 음이 될 수 없다. 옵션의 매입과 매도는 매도인에게 확정인 프레미엄과 매입인에게 불확정 이윤을 주는 것이다.

옵션은 위험은 제거하면서도 환율이 유리하게 움직일 경우 이득 기회는 보

---

82) 한국의 경우 한국거래소는 최근 거래 실적이 없는데, 이는 거래를 활성화할 시장 조성자가 없기 때문에 주로 은행 중심으로 장외거래가 이루어진다.

유하는 대신 프레미엄 만큼의 비용을 부담한다. 선도환의 경우 환율 변동의 위험은 제거할 수 있으나 환율이 유리하게 변동하는 경우 이득을 얻을 기회가 없다는 점이 옵션과 다르다. 옵션프레미엄은 확률적으로 주어지는 잠재이익(potential gain)에 대한 보상의 측면을 지닌다.

이 밖에 옵션을 변형한 다양한 상품이 존재한다. 먼저(미국식) 통화선물옵션(options on currency futures 또는 futures option)은 통화선물계약 자체가 인수도 대상인 경우[83]이다. 예를 들어, 행사가격 K의 통화선물콜옵션을 매입하였다고 하자. 만기가 되기 전 특정 시점에 선물환율 $F_{t,T}$가 행사가격을 상회하여 이 통화선물 콜옵션을 행사하는 경우, 옵션은 해제되고 $F_{t,T}$의 가격에 만기에 살 수 있는 선물을 계속 보유하게 된다. 반대로 행사가격 K의 통화선물 풋옵션을 매입하였다고 하자. 만기가 되기 전 특정 시점에 선물가격 $F_{t,T}$가 행사가격을 하회하여 이 통화선물 풋옵션을 행사하는 경우, 옵션은 해제되고 $F_{t,T}$의 가격에 만기에 팔 수 있는 선물을 계속 보유하게 된다.

이러한 통화선물 옵션의 예를 들어, 보자. 먼저 미화 1,000달러를 계약금액으로 행사가격 $K=1,000$원/달러, 만기 12월 31일인 통화선물 콜옵션 매입하였다고 가정하자.

9월 30일 현재 선물환율은 $F_{t,T}=1,200$원/달러라 한다. 10월 1일 선물환율이 $F_{t,T}=1,250$원/달러라면 9월 30일 행사하는 경우 1,200원/달러－1,000원/달러 이익을 얻게 된다. 또 12월 31일 만기인 선물포지션 및 추가로 10월 1일 선물가격 상승분 1,250원/달러 －1,200원/달러까지 받게 된다. 이에 따른 총이득은 $(1,250-1,000) \times 1,000$원이 된다.

한편 선물식 옵션(future style options)은 옵션매입 후 옵션 행사와 관계없이 옵션가격 변동에 따라 일일결제가 이루어지는 경우를 말하며 프레미엄이 아니라 증거금을 납부한다. 따라서 옵션보다는 오히려 선물에 가깝다.

---

83) 통화현물 옵션은 외화현물이 인수도 대상이다.

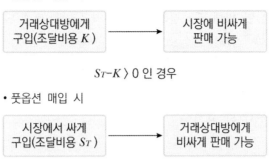

- 콜옵션 매입 시

거래상대방에게 구입(조달비용 K)	→ 시장에 비싸게 판매 가능

$S_T - K > 0$ 인 경우

- 풋옵션 매입 시

시장에서 싸게 구입(조달비용 S_T)	→ 거래상대방에게 비싸게 판매 가능

$K - S_T > 0$ 인 경우

〈그림 5.14〉 옵션의 행사

가. 유럽식 콜옵션 매입 및 매도자의 손익

본 장에서 T는 옵션의 만기, S_T는 만기 시의 현물환율, K는 행사가격, C는 콜옵션의 프레미엄, P는 풋옵션의 프레미엄으로 정의한다. 일정 시점에 콜옵션 매도자에게 외환을 살 수 있는 가격인 행사 가격보다 외환시장에서 살 수 있는 가격인 시장환율이 높은 경우(즉, $S_T - K > 0$인 경우), 콜 옵션의 매입자는 옵션을 행사(즉, 옵션 매도자에게서 외환을 매입)하게 된다. 이에 따라 행사 가격과 시장환율 두 가격 사이의 차이(즉, $S_T - K$)가 콜옵션 매입자의 이익이 된다. 반대로 행사 가격보다 시장환율이 낮은 경우 콜 옵션의 매입자는 옵션을 행사하지 않으며 이 경우 이익은 0이 된다. 이는 콜옵션의 이익이 궁극적으로 다음과 같이 주어짐을 의미한다.

$$\max(S_T - K, \, 0)$$

한편 옵션거래의 최종 손익은 프레미엄(C)을 차감하여 이루어 다음으로 주어진다.

$$\max(S_T - K, \, 0) - C$$

이러한 매입자의 최종 손익은 만기의 현물환율 S_T에 따라 결정되며 프리미엄을 제외하면 음이 될 수 없다.

한편 콜옵션의 매도자는 정확히 매입자와 제로섬(매입자와 매도자의 최종손익의 합은 0임을 말함)인 반대의 다음과 같은 수익구조를 갖게 된다.

$$\min(K - S_T, 0) + C$$

이러한 매입자의 최종 손익(pay off)은 만기의 현물환율 S_T에 따라 결정되며 프리미엄을 제외하면 양이 될 수 없다.

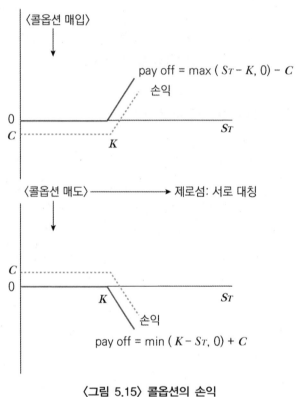

〈그림 5.15〉 콜옵션의 손익

나. 유럽식 풋옵션의 매입 및 매도자의 손익

일정 시점에 풋옵션 매도자에게 외환을 팔 수 있는 가격인 행사 가격보다 외환시장에서 살 수 있는 가격인 시장환율이 낮은 경우(즉, $K - S_T > 0$인 경우), 풋 옵션의 매입자는 옵션을 행사(즉, 옵션 매도자에게 외환을 매도)하게 된다. 이에 따라 행사 가격과 시장환율 두 가격 사이의 차이(즉, $K-S_T$)가 풋옵션 매입자의 이익이 된다. 반대로 행사 가격보다 시장환율이 높은 경우 풋 옵션의 매입자는 옵션을 행사하지 않으며 이 경우 이익은 0이 된다. 이는 풋옵션의 이익이 궁극적으로 다음과 같이 주어짐을 의미한다.

$$\max(K-S_T,\ 0)$$

한편 옵션거래의 최종 손익은 프레미엄(P)을 차감하여 이루어 다음으로 주어진다.

$$\max(K-S_T,\ 0)-P$$

이러한 매입자의 최종 손익은 만기의 현물환율 S_T에 따라 결정되며 프리미엄을 제외하면 음이 될 수 없다.

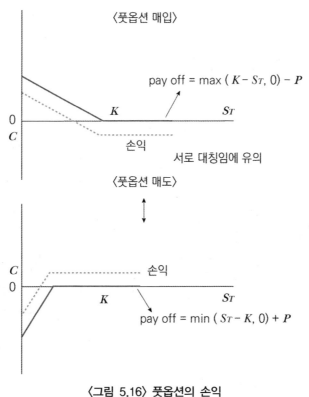

〈그림 5.16〉 풋옵션의 손익

한편 풋옵션의 매도자는 정확히 매입자와 제로섬(매입자와 매도자의 최종손익의 합은 0임을 말함)인 반대의 다음과 같은 수익구조를 갖게 된다.

$$\min(K - S_T,\ 0) + P$$

이러한 매입자의 최종 손익은 만기의 현물환율 S_T에 따라 결정되며 프리미엄을 제외하면 양이 될 수 없다.

이런 결과를 요약하면 아래 <표 5.5>와 같다.

〈표 5.5〉 옵션의 구조 요약

		콜옵션	풋옵션
옵션 매입 시	사는 곳(가격)	거래상대방(K)	시장(S_T)
	파는 곳(가격)	시장(S_T)	거래상대방(K)
	이윤의 크기	$S_T - K$	$K - S_T$
	옵션의 행사 (이윤이 양인 경우 사거나 팜)	$S_T - K > 0$인 경우	$K - S_T > 0$인 경우
	옵션 행사 손익	$\max(S_T - K,\ 0)$	$\max(K - S_T,\ 0)$
	옵션의 최종 손익 (프리미엄 고려)	$\max(S_T - K,\ 0) - C$	$\max(K - S_T,\ 0) - P$
옵션 매각 시	사는 곳(가격)	시장(S_T)	거래상대방(K)
	파는 곳(가격)	거래상대방(K)	시장(S_T)
	이윤의 크기	$K - S_T$	$S_T - K$
	거래 상대방의 옵션 행사 (거래 상대방이 사거나 팜)	$S_T - K > 0$인 경우	$K - S_T > 0$인 경우
	옵션 행사 손익	$\min(K - S_T,\ 0)$	$\min(S_T - K,\ 0)$
	옵션의 최종 손익 (프리미엄 고려)	$\min(K - S_T,\ 0) + C$	$\min(S_T - K,\ 0) + P$

다. 미국식 옵션가치의 평가

만기 내 언제든지 행사가 가능한 미국식 옵션은 만기까지 임의의 t기에 현물환율이 변함에 따라 위에서 서술한 대로 그 가치가 콜옵션은 $\max(S_t - K, 0)$, 풋옵션은 $\max(K - S_t, 0)$와 같이 주어진다. 이에 따라 옵션가치는 t기에 행사(exercise)할 경우 이익 발생 여부에 따라 각각 내가, 등가 및 외가로 평가한다. 여기서 내가는 양($+$), 외가는 음($-$)의 수익을 의미하는데, 이는 행사가격을 기준으로 시점 t의 현물환율에 따라 달라지게 된다. 즉, 내가인 경우 행사하여 옵션이익을 실현할 수 있으나 외가 또는 등가는 그렇지 못하다.

	콜옵션	풋옵션
$S_t > K$	내가(in-the-money)	외가(out-of-the-money)
$S_t = K$	등가(at-the-money)	등가(at-the-money)
$S_t < K$	외가(out-of-the-money)	내가(in-the-money)

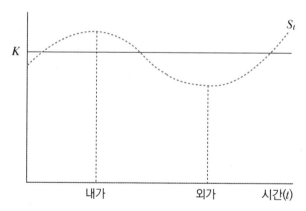

〈그림 5.17〉 미국식 콜옵션가치의 구분

한편 통화옵션 프레미엄은 Black-Scholes의 주가옵션 모형을 확장한 가만－콜하겐 모형(Garman－Kohlhagen model)으로 구할 수 있다. 좀 더 구체적으로 시점 0에 만기가 T인 유럽식 콜(C) 및 풋옵션(P) 프레미엄은 환율이 로그정규분포 과정이라는 가정 하에 다음과 같이 주어진다.

$$c = S_0 e^{-r_f T} N(d_1) - K e^{-r_d T} N(d_2)$$

$$p = K e^{-r_d T} N(-d_2) - S_0 e^{-r_f T} N(-d_1)$$

여기서 사용된 변수들은 다음과 같이 정의된다.

$$d_1 = \frac{\ln(S_0/K) + (r_d - r_f + \sigma^2/2)T}{\sigma\sqrt{T}}$$

$$d_2 = d_1 - \sigma\sqrt{T}$$

S_0는 현재 현물환율

K는 실행가격

$N(x)$는 x에서의 누적정규분포함수

r_d는 무위험 국내이자율(예 T가 1개월이고 연율 6%면 $r_d = 0.005$임)

r_f는 무위험 해외이자율

T는 옵션 만기

σ는 환율의 변동성으로 기간 0에서 만기까지의 기간 동안 로그환율의 최고값과 최소값의 차이를 나타낸다. 즉, $s_{\max}$와 $s_{\min}$이 환율의 최고 및 최소값을 각각 나타낼 때,

$$\sigma \equiv \ln(s_{\max} - s_{\min}) \simeq \frac{s_{\max} - s_{\min}}{s_{\min}}$$

로 정의된다.

한편 옵션 가격(프레미엄) 결정에 영향을 미치는 요인을 정리하면 다음과 같다. 첫째, 행사가격이다. 예를 들어, 콜옵션의 경우 현물환율 대비 행사가격이 낮을수록 이익 실현의 폭이 확대되므로 옵션가격은 높아진다. 풋옵션의 경우 반대로 현물환율 대비 행사가격이 높을수록 이익 실현의 폭이 확대되므로 옵션가격은 높아진다.

둘째, 옵션의 만기이다. 미국식 옵션은 만기까지의 기간이 길수록 현물가격이 행사가격을 한번이라도 상회할 확률이 높아지게 되며 따라서 옵션가격은 높

아진다. 그러나 유럽식 옵션은 이에 해당하지 않을 것이다.

셋째, 현재 현물환율이다. 예를 들어, 콜옵션의 경우 다른 조건이 같은 경우 현물환율이 높아지면 만기의 예상 현물환율도 높아질 가능성도 높아지게 되는 경우[84] 따라서 옵션가격은 높아질 수 있다. 넷째, 환율의 변동성이다. 미국식 옵션 콜옵션의 경우 환율의 변동성이 클수록 행사가격을 상회할 가능성도 커진다.[85] 다섯째, 무위험 이자율이다. 나중에 설명하는 풋-콜 패리티가 이자율의 영향을 잘 나타내고 있다.

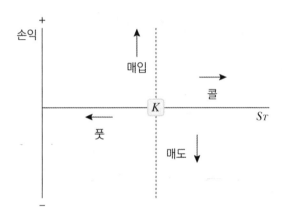

〈그림 5.18〉 현물 환율에 따른 옵션의 Non-Zero 손익 영역 구분

〈표 5.6〉 옵션가격과 결정요인 간 부호관계

	콜옵션		풋옵션	
	유럽식	미국식	유럽식	미국식
행사가격	–	–	+	+
만기	?	+	?	+
현재현물가격	+	+	–	–
가격 변동성	+	+	+	+
무위험 이자율	+	+	–	–

---

84) 환율 임의 보행인 경우 최적 예측은 현재환율임을 상기하라.

85) 때로 진위가 불명확한 루머의 유통이 가격변동성을 높이기 위한 시도라는 의심을 사는 경우가 있다.

다음으로 행사가격과 옵션 프레미엄과의 관계를 다음과 같이 유추할 수 있다. 콜옵션을 매입한 경우 행사가격이 매우 크다면 계약 기간 내 현물환율이 이를 하회할 확률이 높으므로 옵션을 행사할 가능성이 거의 없다. 이 경우 헷지하지 않는 것과 유사하며 프레미엄이 매우 싼 옵션이 된다. 이는 행사가격이 커지면 행사 후 이윤 취득 가능성이 줄어들기 때문이다.

반대로 행사가격이 매우 작다면 옵션을 행사할 가능성이 매우 높으며 실질적으로(반드시 행사하는) 선도환매입을 통한 헷지와 유사하다. 이 경우 프레미엄이 매우 비싼 옵션이 된다.

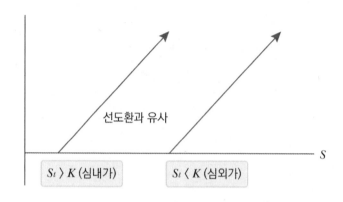

〈그림 5.19〉 콜옵션 매입시 손익

반대로 풋옵션을 매입한 경우 행사가격이 매우 작다면 계약 기간 내 현물환율이 이를 상회할 확률이 높으므로 옵션을 행사할 가능성이 거의 없다. 이 경우 헷지하지 않는 것과 유사하며 프레미엄이 매우 싼 옵션이 된다. 이는 행사가격이 작아지면 행사 후 이윤 취득 가능성이 줄어들기 때문이다.

반대로 행사가격이 매우 크다면 옵션을 행사할 가능성이 매우 높으며 실질적으로(반드시 행사하는) 선도환매도를 통한 헷지와 유사하다. 이 경우 프레미엄이 매우 비싼 옵션이 된다.

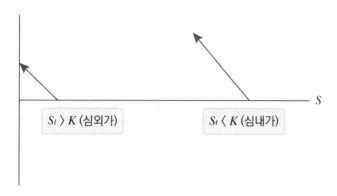

〈그림 5.20〉 풋옵션 매입시 손익

이런 사실들은 환율 S_t에 대한 예측이 옵션 프레미엄에 중요하게 영향을 미칠 수 있음을 시사한다.

라. 통화옵션 매입 또는 무헷지 결과의 선도환 매도와의 손익 비교

다음으로 통화옵션을 매입하여 헷지하거나 무헷지 후의 최종 손익을 선도환의 경우와 비교 평가하고자 한다. 이를 위하여 선도환율(또는 만기까지 보유한 선물의 환율)과 옵션의 행사가격이 같다(즉, $K = F_{0,T}$)고 가정하고, 제시된 헷지 방법들의 헷지 손익을 만기 현물환율의 변화에 따라 비교하여 보자.

먼저 미래에 외화(예 1달러)를 매각하는 경우의 헷지 수단인 선도환 매도와 풋옵션 매입을 비교하여 보자. 우선 선도환 매도 헷지의 경우 최종손익은 첫째, 만기(T기)에 1달러의 외화를 매각함에 따라 받게 되는 달러당 S_T원과, 시장에서 1달러를 달러당 S_T원에 구매하여 이를 선도환 매입자에게 K에 매도하는 경우의 수익과 비용의 차이($F_{0,T} - S_T$)의 합인 다음과 같이 얻어진다.[86]

$$V_F \equiv S_T + (F_{0,T} - S_T) = K = F_{0,T}$$

다음으로 풋옵션 매입의 헷지 후 손익은 만기(T기)에 1달러의 외화 매각에

---

86) 부호가 −인 경우 매입, +인 경우 매도를 나타낸다.

따라 받게 되는 달러당 S_T원과, 시장에서 1달러를 행사가격이 만기 현물환율을 초과하는 경우 달러당 S_T원에 구매하여 이를 풋옵션 매도자에게 매도하는 경우의 수익과 비용의 차이에서 프리미엄 지급액을 차감하여 다음과 같이 주어진다.

$$V_P \equiv S_T + \max(K - S_T,\, 0) - P$$

이에 따라 위의 풋옵션 매입과 선도환 매도의 최종손익 차이는 다음과 같이 주어진다.

$$V_P - V_F = S_T + \max(K - S_T,\, 0) - P - K$$

따라서 $K \geq S_T$인 경우 $V_P - V_F = -P$이며 상대적 손실은 고정된다. 반대로 $K < S_T$인 경우 $V_P - V_F = S_T - (P + K)$로 주어진다. 따라서 풋옵션은 선도환보다 $P + K < S_T$인 경우에 양의 최종손익이 발생하며 환율이 상승하면 그 규모가 커질 수 있다.

한편 무헷지하는 경우의 최종손익은 다음과 같이 주어진다.

$$V_N \equiv S_T$$

따라서 무헷지의 선도환 매도와의 최종손익 차이는 다음과 같이 주어진다.

$$V_N - V_F = S_T - K$$

따라서 $K \geq S_T$인 경우 $V_N - V_F \leq 0$이며 반대로 $K < S_T$인 경우 $V_N - V_F > 0$으로 주어진다. 이러한 결과는 <그림 5.21>에 표시되어 있다.

다음으로 미래에 외화(예 1달러)를 매입하는 경우의 헷지 수단인 선도환 매입과 콜옵션 매입을 비교하여 보자. 우선 선도환 매입 헷지의 경우 최종손익은 첫째, 만기(T기)에 1달러의 외화를 매입함에 따라 주게 되는 달러당 $-S_T$원과, 이를 선도환 매도자에게서 $F_{0,T}$에 매입하여 시장에서 1달러를 달러당 S_T원에 매도하는 경우의 수익과 비용의 차이($-F_{0,T} + S_T$)의 합인 다음과 같이 얻어진다.[87]

---

87) 부호가 -인 경우 매입, +인 경우 매도를 나타낸다.

$$V_F \equiv -S_T + (-F_{0,T} + S_T) = -K = -F_{0,T}$$

다음으로 콜옵션 매입의 헷지 후 손익은 만기(T기)에 1달러의 외화 매입에 따라 주게 되는 달러당 $-S_T$원과, 시장에서 1달러를 행사가격이 만기 현물환율을 하회하는 경우 풋옵션 매도자에게서 K에 매입하여 달러당 S_T원에 매도하는 경우의 수익과 비용의 차이에서 프리미엄 지급액을 차감하여 다음과 같이 주어진다.

$$V_C \equiv -S_T + \max(S_T - K, 0) - C$$

이에 따라 위의 콜옵션 매입과 선도환 매입의 최종손익 차이는 다음과 같이 주어진다.

$$V_C - V_F = -S_T + \max(S_T - K, 0) - C + K$$

따라서 $K < S_T$인 경우 $V_P - V_F = -C$이며 상대적 손실은 고정된다. 반대로 $K \geq S_T$인 경우 $V_C - V_F = -S_T - C + K$로 주어진다. 따라서 통화옵션은 선도환보다 $K - C > S_T$인 경우에 상대적으로 양의 최종손익이 발생하며 환율이 하락하면 그 규모가 커질 수 있다.

한편 무헷지 하는 경우의 최종손익은 다음과 같이 주어진다.

$$V_N \equiv -S_T$$

따라서 무헷지의 선도환 매도와의 최종손익 차이는 다음과 같이 주어진다.

$$V_N - V_F = K - S_T$$

따라서 $K \geq S_T$인 경우 $V_N - V_F \geq 0$이며 반대로 $K < S_T$인 경우 $V_N - V_F < 0$으로 주어진다.

이러한 결과는 <그림 5.22>에 표시되어 있다.

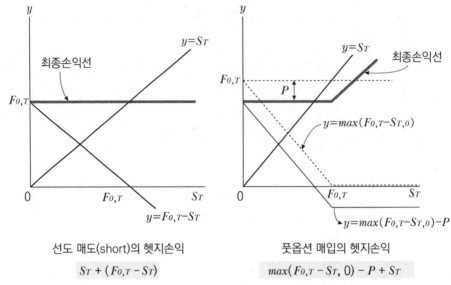

선도 매도(short)의 헷지손익

$$S_T + (F_{0,T} - S_T)$$

풋옵션 매입의 헷지손익

$$max(F_{0,T} - S_T, 0) - P + S_T$$

〈그림 5.21〉 선물매도와 콜옵션매입의 현물환율변화에 따른 실효가격 비교

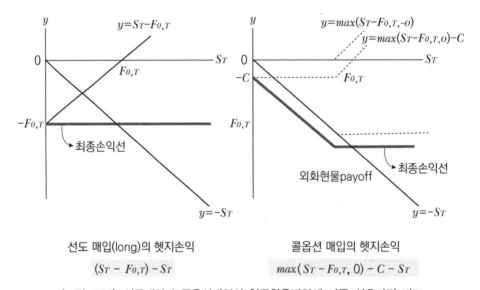

선도 매입(long)의 헷지손익

$$(S_T - F_{0,T}) - S_T$$

콜옵션 매입의 헷지손익

$$max(S_T - F_{0,T}, 0) - C - S_T$$

〈그림 5.22〉 선물매입과 풋옵션매입의 현물환율변화에 따른 실효가격 비교

KIKO(knock in knock out) 옵션

KIKO는 계약기간 내 매기(예 월), 계약환율이 달러당 K인 경우, 환율이 하한(Knock out barrier 또는 K_{min})과 상한(Knock in barrier 또는 K_{max})을 기준으로 변동함에 따라 아래의 권리와 의무를 갖는 변종 옵션의 하나이다. 권리와 함께 의무가 있으므로 전형적인 옵션과 차이가 있으며 매입자는 매도자(통상 은행)에 수수료를 지급하지 않는다. 먼저 x달러 KIKO 매입계약을 체결한 경우를 가정하자.

1) 환율이 하한보다 떨어지는 경우(즉, $S_t < K_{min}$인 경우), 계약을 해지한다.

2) 환율이 하한보다 높지만 계약환율보다 낮은 경우(즉, $K > S_t > K_{min}$인 경우), 계약환율인 달러당 K에 x달러를 은행에 매도가 가능하다. 이 경우 $x(K - S_t)$의 이익을 실현할 수 있다. 이 경우에 KIKO는 풋옵션과 기능이 동일하다.

3) 환율이 하한보다 높지만 계약환율보다 높지만 상한보다는 작은 경우(즉, $K < S_t < K_{max}$인 경우), 계약을 해지한다.

4) 환율이 상한보다 높아지는 경우(즉, $S_t > K_{max}$인 경우), 계약환율인 달러당 K에 $2x$ 달러를 매도할 의무가 있다. 이 경우 KIKO 매입하는 $2x(S_t - K)$의 손해를 보게 된다.

위와 같은 KIKO의 계약 조건하에서는 글로벌 금융위기 같이 환율이 급등하는 경우 KIKO매입자에게 큰 폭의 손해가 발생할 수 있다.

이와 같은 KIKO 계약의 시점 t의 기대 이익은 〈그림 5.23〉과 같이 주어진다.

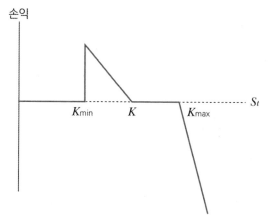

〈그림 5.23〉 KIKO 계약 기업의 환율 변화에 따른 손익

금감원, 대법원 판결 끝났는데도 6개 은행에 15~41% 배상 권고
은행들은 배임문제로 수용 곤란… 150개 업체에 수천억 물어줄 판

금융감독원이 11년 전 키코(KIKO) 사태로 피해를 본 기업에 은행들이 손실액의 최대 41%를 물어주라고 권고했다. 키코는 대법원 판결까지 끝난 데다 새로 배상할 경우 배임 논란이 제기되는 문제인데, 키코를 '금융 적폐'로 규정한 금융 당국이 무리하게 은행권을 압박한다는 비판이 나오고 있다. 금감원은 지난 12일 열린 금융분쟁조정위원회에서 일성하이스코·남화통상·원글로벌미디어·재영솔루텍 등 4개 기업에 대한 키코 불완전 판매 책임이 인정돼 은행들이 손실액 15~41%를 배상하도록 권고하기로 결정했다고 13일 밝혔다. 이 4개 기업에 255억 원을 물어주라는 것이다. 은행별 배상 권고액은 신한 150억 원, 우리 42억 원, 산업 28억 원, KEB하나 18억 원, 대구 11억 원, 씨티 6억 원 등이다. 앞서 대법원은 지난 2013년에 '키코가 사기는 아니지만, 일부 사례에서는 불완전 판매 책임이 있다'는 취지로 판결했고, 은행들은 소송을 제기한 기업에 5~50%씩 배상을 해줬다. 금융계에서는 대법원 판결로 키코 문제가 마무리됐다고 봤다. 그런데 교수 시절부터 "키코는 사기 상품"이라는 소신을 가진 윤석헌 금감원장이 취임하면서 지난해 7월부터 재조사가 시작됐다. 하지만 분쟁조정위 권고는 강제성이 없고, 손실 난 기업과 은행 양측 모두 받아들여야 효력이 발생한다. 키코 피해 공동대책위원회는 "아쉽지만 금융 당국의 진정성 있는 노력을 평가한다"면서 수용 의사를 밝혔다. 반면 은행들은 권고 수용에 부정적이다. 한 은행 임원은 "민법상 손해액 청구권 소멸 시효(10년)가 지났고, 법적 책임이 없는데도 돈을 물어주면 주주 이익을 침해하는 '배임'에 몰릴 수밖에 없다"고 말했다. 더욱이 분쟁 조정 가능성이 있는 키코 피해 기업이 150여곳 있는 것으로 추정된다. 은행이 이번 조정안을 받아들이면, 그게 선례가 돼 수천억 원을 물어줘야 할 수 있다. 이에 대해 금감원은 "다수 법무법인의 법률 자문에서 배임에 해당하지 않는 것으로 판단됐다"며 은행권을 압박하고 있다. 윤창현 서울시립대 경영학부 교수는 "감독 당국이 불확실성과 리스크를 줄여줘야 하는데, 이번 권고는 (배임 이슈가 제기되는) 법적 리스크를 만들어내는 게 아닌가 걱정된다"고 했다. 〈조선비즈, 2019.12.14.〉

마. 풋 및 콜옵션 프레미엄의 관계 : 풋-콜 패리티

한편 행사가격과 만기가 같은 풋과 콜옵션 프레미엄 간의 관계는 풋-콜 패리티에 의해 주어진다. 풋-콜 패리티를 유도하기 위하여 풋과 콜옵션을 모두 이용하여 선도거래를 복제하는 상황을 가정해 보기로 하자.

예를 들어, 시점 t에 미화 1\$에 대한 행사가격(K)과 만기(T)가 동일한 풋옵션을 매입(프레미엄: P_t)하는 동시에 콜옵션을 매도(프레미엄: C_t)하는 계약을 체결한다고 하자.

이러한 옵션들의 거래를 통한 결과로서 계약자는 옵션의 만기(T)에는 어떤 만기시의 현물 달러 환율에도 무조건 행사가격 K를 받고 미화 1\$를 '매각하는' 상황에 있게 된다. 이는 만기 환율을 K로 하는 선도 매도와 결과적으로 동일하게 된다. 이에 따라 무차익거래 조건(no-arbitrage)이 성립한다면 위의 옵션 거래와 선도환 거래는 동일한 순수익을 창출하여야 한다.

좀 더 구체적으로 서술하면 옵션거래의 경우 수익은 풋옵션을 매입하는 데서 나오며(시장에서 프레미엄 P_t로 평가[88]), 콜옵션 매도에서는 비용(시장에서 프레미엄 $-C_t$로 평가)이 발생한다. 수학적으로 시점 t에 풋 매입과 콜 매입의 할인된 기대수익은 다음과 같이 계산된다.

$$P_t = \int_0^K \frac{(K - S_T)}{1 + r_{t,T}} f(S_T) dS_T,$$

$$C_t = \int_K^\infty \frac{(S_T - K)}{1 + r_{t,T}} f(S_T) dS_T$$

여기서 f는 S_T의 확률 밀도함수를 나타낸다.

옵션의 경우 매입자는 양의 수익이 발생하는 경우만 행사함으로서 프레미엄을 감안하기 전의 가치는 항상 0보다 크다. 즉, 옵션을 매입하면 +의 가치가 매도하면 -의 가치게 있게 된다. 이에 따라 콜옵션 매도와 풋옵션 매입을 하였다면 이 금융자산은 $P_t - C_t$의 가치를 갖는 것으로 평가할 수 있다.

한편 이러한 옵션계약의 손익은 만기 환율을 K로 하는 선도 매도와 동일

[88) 여러분이 만기가 T이고 행사가격이 K인 풋옵션을 갖고 있다면 그 가치가 P_t이라는 것이다.

한데 이 관점에서 선도 매도의 손익을 계산하여 보자. 먼저 시점 t에 달러당 S_t 원인 경우 1\$를 만기 T기에 K원에 선도 매도하는 계약을 생각해 보자. 이를 위하여는 시점 t에 $1/(1+r^*_{t,T})$달러(원화로 환산하면 $S_t/(1+r^*_{t,T})$원)를 지불하고 구매한다. 다음으로 이를 은행에 외화이자율 $r^*_{t,T}$로 외화예금하고 만기에 1\$가 되며 이를 만기에 달러당 K원을 받고 매도하는 자원으로 사용한다. 만기에 받게되는 K원은 t기 기준으로 현재 할인하면 $K/(1+r_{t,T})$원의 가치를 지닌다. 종합하면 이 선도거래의 t기 기준 비용은 $S_t/(1+r^*_{t,T})$원이며 수익은 $K/(1+r_{t,T})$원이므로 순수익은 $K/(1+r_{t,T})-S_t/(1+r^*_{t,T})$가 된다.

　　마지막으로 앞서 서술한 옵션거래와 선도 매도는 만기 T기에 K원에 1\$를 매도하는 동일한 상품이므로 무차익거래 조건에서 양자의 순수익은 동일해야 한다.[89] 따라서 아래의 등식 (5.6)이 성립해야 하며 이를 풋-콜 패리티라 한다.[90]

$$P_t - C_t = K/(1+r_{t,T}) - S_t/(1+r^*_{t,T}) \qquad (5.6)$$
$$\text{선도환수익} \qquad \text{선도환 비용}$$

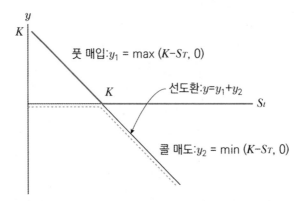

〈그림 5.24〉 옵션을 이용한 선도환 합성과 손익선

---

89) 경쟁 식당의 짬뽕가격이 우리 식당의 짬뽕가격 결정에 기준이 되는 것과 동일하다.
90) 콜옵션 가격(📖 가먼-콜하겐 모형으로 계산)이 주어지면 풋옵션 가격은 풋콜 패리티에 의해 자동으로 주어진다.

한편 풋-콜 패리티에 따르면 풋옵션 프리미엄은 행사가격과 달러화 예금 이자율에 비례하며 현물환율과 원화 예금 이자율에는 반비례한다. 반대로 콜옵션 프리미엄은 행사가격과 달러화 예금 이자율에 반비례하며 현물환율과 원화 예금 이자율에는 비례한다.

한편 위 식은 통화선물 가격이 보유비용모형에서 $F_{t,T} = S_t(1 + r_{t,T})/(1 + r_{t,T}^*)$로 결정되는 점을 이용하여 현물환율에 대해 정리한 후 삽입하면 다음과 같이 옵션 프레미엄과 선물환율과의 관계식으로 다시 쓸 수 있다.[91]

$$P_t - C_t = (K - F_{t,T})/(1 + r_{t,T})$$

다음으로 위 식에서 미국식 옵션의 등가 옵션 조건, 즉 $S_t = K$을 가정하는 경우에는 다시 아래와 같이 쓸 수 있다.

$$P_t - C_t = (S_t - F_{t,T})/(1 + r_{t,T})$$

위 식은 현물환율과 통화선물 가격에 따른 옵션 프레미엄 간의 관계를 나타낸다. 이에 따르면, 선도 프레미엄($F_{t,T} > S_t$)인 경우엔 콜옵션이 상대적으로 더 비싸며($P_t < C_t$), 선도 디스카운트($F_{t,T} < S_t$) 시 풋옵션이 상대적으로 더 비싼($P_t > C_t$) 것을 알 수 있다.

📄 **예제 5.4**

콜옵션 가격이 100원, 행사가격이 1,000원, 한국이자율이 5%, 미국이자율이 2%, 현물환율이 1,100원인 경우 풋-콜패리티에 따르면풋옵션의 가격은 얼마인가?

📄 **예제 5.5**

콜옵션 가격이 50원, 행사가격이 1,100원, 한국이자율이 5%, 통화선물환율이 1,200원인 경우 풋옵션의 가격은 얼마인가?

---

91) 이는 옵션시장 균형을 통화선물시장 균형과 연결시키는 것으로 볼 수 있다.

한국거래소의 자료를 이용하여 3개월물 기준 풋-콜패리티 성립여부를 확인하라.

바. 옵션가격의 구성

만기까지 가격이 변동하는 미국식 옵션의 가격(또는 가치)은 만기 내 일정시점에서 내재가치와 시간가치로 분해될 수 있다. 우선 내재가치는 일정 시점에서 옵션을 행사할 때의 가치이다. 예를 들어, 시점 t의 콜옵션에서 내재가치는 내가의 경우 현물환율−행사가격으로, 풋옵션에서 내가의 경우 행사가격−현물환율으로 주어진다. 반면 등가 및 외가인 경우 이들 옵션의 내재가치는 0이 된다.

<그림 5.25>에는 이런 구조가 나타나 있다. 또 <그림 5.26>에는 환율변동 폭이 커짐에 따라 증가하는 내재가치를 보여주고 있다.

한편 시간 가치는 t기부터 만기까지의 기간 동안 환율의 변화에 따라 내가인 경우가 발생하여 이익을 얻을 수 있는 잠재적 가능성에 대한 가치를 의미한다. 이는 미래의 환율변동에 따라 기대되는 프리미엄(volatility value)으로 해석할수 있다. 따라서 시간가치는 만기에 가까울수록 내재가치가 발생할 수 있는 가능한 시간이 작아지면서 감소하며 극단적으로 만기에 시간가치는 0이 된다.

외가 또는 등가옵션인 경우 권리를 행사했을 때 얻을 수 있는 내재가치가 없으므로 옵션가격에는 시간가치만이 존재한다. 이를 정리하면 아래와 같다.

- 콜옵션가격 = 내재가치 + 시간가치
  = max(현물환율 − 행사가격, 0) + 시간가치

- 풋옵션가격 = 내재가치 + 시간가치
  = max(행사가격 − 현물환율, 0) + 시간가치

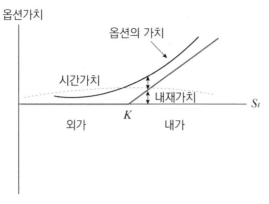

〈그림 5.25〉 콜옵션의 가치

예제 5.7

콜옵션 가격이 150원, 행사가격이 1,000원, 현물환율이 1,100원인 경우 옵션의 시간가치는 얼마인가?

예제 5.8

콜옵션 가격이 150원, 행사가격이 1,000원, 현물환율이 900원인 경우 옵션의 시간가치는 얼마인가?

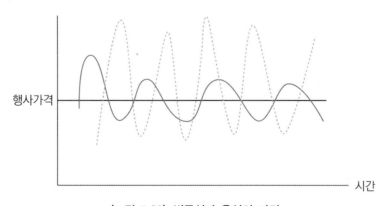

〈그림 5.26〉 변동성과 옵션의 가격

사. 풋 · 콜옵션의 결합을 이용한 헷지

풋과 콜옵션을 결합하여 사용하면 환변동 위험을 보다 효과적으로 줄일 수 있다. 다음으로는 이러한 기법 중 스프레드 거래[92]를 소개한다.

스프레드(spread) 거래는 풋이든 콜이등 만기와 종류가 같은 옵션을 동시에 매입 또는 매도하여 큰 폭의 환율상승과 하락에 따른 위험을 헷지하는 것을 말한다. 다만, 매입 또는 매도 시 행사가격은 서로 다를 수 있다. 여기서 스프레드란 행사가격의 차이를 의미하며 매입매도 프리미엄 차이만큼 헷지 비용절약이 가능하다. 아래 <그림 5.27>의 점선이 최종 손익으로 환율변동에 대응하여 양의 값을 갖도록 결합이 설계된다. 수평한 점선 부분은 과도한 이익이나 손실을 막는 기능을 하는 것을 나타낸다. 이는 환율 예상에 따라 강세 및 약세 스프레드 거래의 두 가지 종류로 나눌 수 있다.

먼저 강세 스프레드(bull spread)는 향후 큰 폭의 환율 상승이 예상될 때 서로 다른 행사가격을 지닌 콜 옵션을 동시에 매입(행사가격 K_1) 및 매도(행사가격 K_2)하는 것을 말한다. 반대로 서로 다른 행사가격을 지닌 풋 옵션을 동시에 매입(행사가격 K_1) 및 매도(행사가격 K_2)할 수도 있다.

강세 스프레드 거래는 환율 상승시의 이익과 하락 시의 손실을 일정 수준에서 제한하여 환변동 리스크를 줄이는 효과와 함께 환율 상승 시 이익실현도 가능하게 해 준다.

강세 스프레드에서 콜옵션이나 풋옵션을 이용할 경우 매입행사가격이 매도행사가격보다 낮게 설정하여야 한다.

---

92) 만기가 같은 풋과 콜옵션을 동시에 거래하는 콤비네이션 거래는 환위험 헷지보다는 환율변동에 따른 투자수익을 얻는 것이 목적이므로 소개하지 않는다.

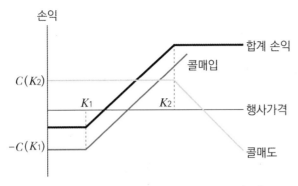

콜 옵션: 매입행사가격(K_1) 〈 매도행사가격(K_2)

[콜 옵션 가격은 행사가격에 반비례, 즉 $C(K_1) > C(K_2)$임에 유의, <그림 5.29> 참조]

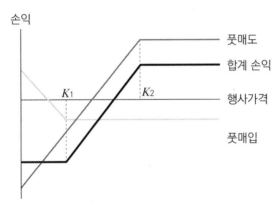

풋 옵션: 매입행사가격(K_1) 〈 매도행사가격(K_2)

[풋 옵션 가격은 행사가격에 비례, 즉 $P(K_1) < P(K_2)$임에 유의, <그림 5.29> 참조]

〈그림 5.27〉 강세 스프레드

약세 스프레드(bear spread)는 향후 큰 폭의 환율 하락이 예상이 예상 될 때 서로 다른 행사가격을 지닌 콜 옵션을 동시에 매입 및 매도하는 것을 말한다.

약세 스프레드 거래는 환율 상승시의 이익과 하락 시의 손실을 일정 수준에서 제한하여 환변동 리스크를 줄이는 효과와 함께 환율 상승 시 이익실현도 가능하게 해 준다.

약세 스프레드에서 콜옵션이나 풋옵션을 이용할 경우 매도행사가격이 매입행사가격보다 낮게 설정하여야 한다.

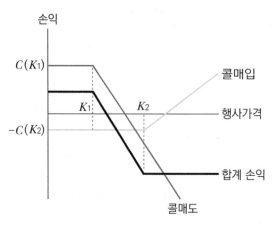

콜 옵션: 매도행사가격(K_1) > 매입행사가격(K_2)

[콜 옵션 가격은 행사가격에 반비례, 즉 $C(K_1) > C(K_2)$임에 유의, <그림 5.29> 참조]

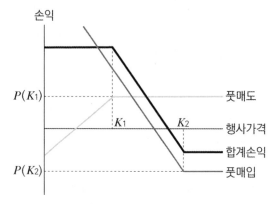

풋 옵션: 매도행사가격(K_1) < 매입행사가격(K_2)

[풋 옵션 가격은 행사가격에 비례, 즉 $C(K_1) < C(K_2)$임에 유의, <그림 5.29> 참조]

〈그림 5.28〉 약세 스프레드

다음으로 만기가 같은 서로 다른 종류의 옵션을 동시에 사고 팔아 무비용으로 환위험을 헷지하는 수단을 소개한다. 이의 종류에는 범위 및 참여 선물환이 있다.

아. 범위 선물환(range forward)

만기와 프리미엄이 같은(행사가격은 서로 다를 수 있는) 풋과 콜 옵션을 동시에 매입 및 매도하면 비용이 들지 않는다. 다음 <그림 5.29>에서 콜옵션 행사가격(K_C)보다 풋 옵션 행사가격(K_P)가 더 높은 것을 알 수 있다.

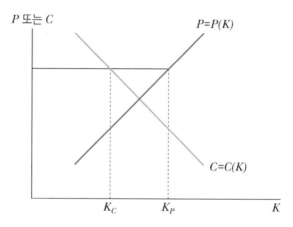

〈그림 5.29〉 범위 선물환의 행사가격 결정

여기서 옵션가격의 경우 콜옵션은(매입) 행사가격이 커질수록 환율이 이보다 높아져 실행이익의 발생가능성이 낮아지므로 옵션프레미엄이 낮아지며, 반대로 풋옵션은(매각) 행사가격이 커질수록 환율이 이보다 낮아져 실행이익의 발생가능성이 높아지므로 옵션프레미엄이 높아진다. 따라서 옵션프레미엄이 같다면 상응하는 두 옵션의 행사사격은 서로 다르게 되며, 같은 옵션프레미엄이 상승하면 상대적으로 풋옵션의 행사 가격이 콜옵션의 행사 가격보다 커지게 된다.

이 경우 환율이 행사가격 사이에 있을 경우에만 헷지되지 않고 환위험에 노출되지만, 그 밖의 만기환율 변동 구간에서는 사후 수익곡선이 수평의 형태를 가지게 된다. 이를 범위 선물환이라 하는데 이는 선물환의 사후 수익곡선이 만기 환율의 변동에도 수평을 이루는 것과 유사한 성격을 갖는다. 다음 <그림 5.30>은 범위 선물환의 손익을 나타내고 있다.

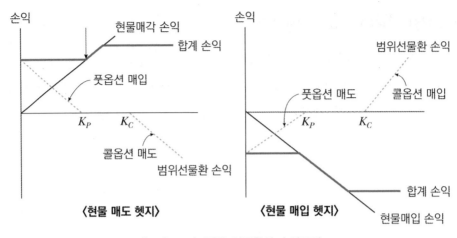

〈그림 5.30〉 범위 선물환의 손익곡선

범위 선물환에서 유의할 점은 환율이 두 옵션의 실행가격의 사이 즉 K_P과 K_C 범위에 있을 경우 헷지후 수익곡선이 환율에 따라 변하며 따라서 환위험은 헷지되지 않는 점에 유의하여야 한다. 이는 비용이 들지 않는다는 점을 감안 시 감수하여야 하는 부분이다. 다만 환율 변동에 따른 극단적인 이익이나 손해를 제거하는 장점이 있다.[93]

📋 예제 5.9

$K_1 > K_2$ 경우에는 위의 손익곡선이 어떻게 달라지는가?

자. 참여 선물환(participating forward)

범위선물환과 달리 프리미엄이 서로 다르지만 같은 행사가격(K)의 풋 및 콜옵션을 이용하여 헤지 수준은 줄어들지만 무비용인 헷지를 할 수 있다. 이를 참여 선물환이라고 한다. 참여 선물환이 무비용을 만드는 기본적 원리는 비싼 옵션을 더 적게 매입하고 반대로 싼 옵션을 더 많이 매각하거나, 반대로 비싼

---

93) 후술하는 무역보험공사의 환변동 보험에도 유사한 상품이 있다.

옵션을 더 적게 매각하고 반대로 싼 옵션을 더 많이 매입하는 방식이다. 아래 <그림 5.31>에서는 같은 행사가격(K)에서 풋 옵션 프리미엄(P^*)가 콜 옵션 프리미엄(C^*)보다 더 큰 것을 나타내고 있다.

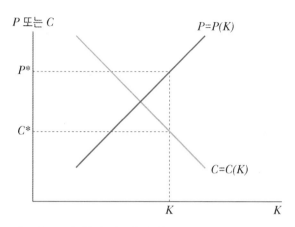

〈그림 5.31〉 참여 선물환의 옵션 프리미엄 결정

이를 설명하기 위해 먼저 수출업자가 T기에 1달러를 매도해야 하는 경우를 살펴보자. 이 경우는 동일 만기와 행사가격의 풋옵션의 매입(P_t의 프리미엄 지불)과 콜옵션의 매도(C_t의 프리미엄 수취)를 통해 참여선물환 헷지를 하게 된다. 이런 결과로 풋콜패리티의 유도과정에서 설명하였듯이 1달러를 행사가격 K에 선도매도한 경우와 동일한 결과를 가져오게 된다.

이에 따른 총비용은 두 옵션을 모두 1대 1로 계약하면 $P_t - C_t$가 된다. 만일 $P_t > C_t$인 경우, 콜옵션 1달러 매도에 풋옵션 $y(<1)$달러 매입을 하여 총비용을 0으로 만들려면 $yP_t - C_t = 0$이 되어야 한다. 따라서 풋옵션 매입비율은 $y = C_t/P_t$가 된다. 여기서 $K > S_t$인 경우 내가 매입한 풋옵션을 행사하고, 반대로 $K < S_t$인 경우 상대방이 콜옵션을 행사하게 된다. 그런데 이 경우 $K > S_t$인 때는 y달러 밖에 풋 옵션 행사(행사가격 K)를 통해 매도하지 못하여 나머지 $(1-y)$ 달러는 무헷지로 방치되는 단점이 있다. 즉, $(1-y)$ 달러는 K보다 낮은 S_t에 매도해야 하는 위험이 발생하는 것이다. 이에 따라, P_t가 C_t 보다 커지는 경우 헷지를 무비용으로 만들기 위해서는 헷지비율이 떨어지는 것을 감수해야 한다. 이는 경제적인 참여 선물환 이용 매도헷지를 위해서는 가급적 동일만기이 며 동일 행사가격이 낮은 풋과 콜옵션을 선택해야 함을 의미한다.

이 경우에 <그림 5.32>에서 보듯 풋 가격과 콜 가격의 차이를 줄일 수 있 기 때문이다.

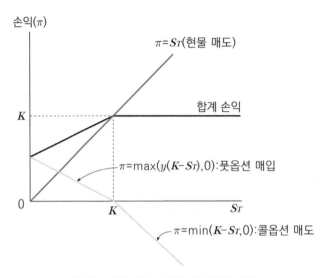

〈그림 5.32〉 매도 참여 선물환의 손익

다음으로 수입업자가 1달러를 T기에 매입해야 하는 경우를 살펴보자. 이 경우는 동일 만기와 행사가격의 풋옵션의 매도(P_t의 프리미엄 수취)와 콜옵션의 매입(C_t의 프리미엄 지불)를 통해 참여선물환 헷지를 한다. 이런 결과로 풋콜패 리티와 동일하게 1달러를 행사가격 K에 선도매입한 경우와 유사한 결과를 가 져오게 된다.

이에 따른 총비용은 두 옵션을 모두 1대 1로 계약하면 $C_t - P_t$이다. 만일 $C_t > P_t$인 경우, 풋옵션 1 매도에 콜옵션 $x(<1)$ 매입을 하면 총비용은 $x C_t - P_t = 0$이 된다. 따라서 풋옵션 매입비율은 $x = P_t / C_t$가 된다. 여기서 $K > S_t$인 경우 매입한 풋옵션을 거래 상대방이 행사하고, 반대로 $K < S_t$인 경 우에는 내가 콜옵션을 행사하게 된다. 그런데 이 경우 $K < S_t$인 때는 내가 x달 러 밖에 매입 콜 옵션을 행사(행사가격 K)할 수 없으므로 $(1-x)$ 달러는 무헷지 로 방치되는 단점이 있다. 즉, 나머지 $(1-x)$달러는 K보다 높은 S_t에 매입해야

한다. 이에 따라 C_t가 P_t보다 커지는 경우 x는 작아지며 헷지를 무비용으로 만들기 위해서는 헷지비율이 떨어지는 것을 감수해야 한다.

이러한 헷지의 손익은 아래 <그림 5.33>을 참조하라.

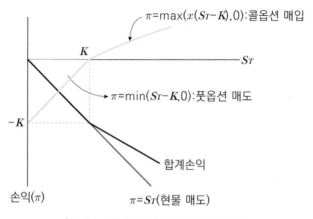

〈그림 5.33〉 매입 참여 선물환의 손익

1. (   ) 안을 채우시오.

   a. 콜 옵션이 내가(in-the money)이면 (   )이 (   )보다 높은 경우이다.

   b. 행사가격이 다른 풋과 콜 옵션을 조합하여서 비용이 들지 않으며 환율의 일정 범위에서는 불연속성이 있는 선도환 계약을 복제할 수 있는데 이를 (   )이라 한다.

   c. 만기와 행사가격이 같은 풋과 콜로 구성하여 비용이 들지 않는 옵션 전략으로 리스크는 일정 수준으로 제한하고 발생가능 수익은 일정 부분 포기하는 것을 (   ) 선물환이라고 한다.

2. 다음 사항이 맞는지 ○ 또는 ×로 표시하라.

   a. 옵션으로 헷지하면 미래의 환율이 불리하게 움직일 경우의 리스크는 없애면서도, 환율이 유리하게 움직일 경우의 이득 가능성은 살려놓을 수 있다. (   )

3. 풋-콜패리티가 성립한다고 하자. 옵션의 행사가격과 선도가격이 같으면 풋과 콜 옵션의 프레미엄 차이는 얼마인가?

4. 1년 만기 풋옵션 가격이 200원, 선물환율이 1,000원, 연간 한국이자율이 5%, 현물환율이 1,105원인 경우 풋-콜패리티에 따르면 1년 만기 콜옵션의 가격은 얼마인가?

5. 콜옵션 가격이 150원, 행사가격이 1,000원, 현물환율이 1,100원인 경우 옵션의 시간가치는 얼마인가? 또 현물환율이 900원인 경우 옵션의 시간가치는 얼마로 바뀌는가?

6. 풋-콜패리티가 성립한다고 하자. 옵션의 행사가격과 선도가격이 같으면 풋과 콜 옵션의 프레미엄 차이는 얼마인가?

7. 콜옵션 가격이 150원, 행사가격이 1,000원, 현물환율이 1,200원인 경우 옵션의 시간가치는 얼마인가? 또 콜옵션 가격이 150원, 행사가격이 1,000원, 현물환율이 950원인 경우 옵션의 시간가치는 얼마인가?

8. 콜옵션 가격이 80원, 행사가격이 1,200원, 한국이자율이 연4%, 미국이자율이 연2%, 현물환율이 1,100원인 경우 풋-콜패리티에 따르면 6개월 만기 풋옵션의 가격은 얼마인가?

9. 풋옵션 가격이 150원, 행사가격이 1,000원, 현물환율이 1,200원인 경우 옵션의 시간가치는 얼마인가? 또 풋옵션 가격이 150원, 행사가격이 1,000원, 현물환율이 950원인 경우 옵션의 시간가치는 얼마인가?

10. 풋옵션 행사가격이 달러당 1,000원, 가격이 달러당 50원, 콜옵션 행사가격이 달러당 1,100원, 가격이 달러당 60원인 경우를 생각하자. 3개월 후 1달러 유입예정인 경우(콜, 풋) 옵션(매입, 매도)를 통해 헷지한다. 이 경우 3개월 후 달러당 환율이 달러당 1, 200일 때 옵션의 손익을 구하라. (   )

11. 현물환율이 1,000원 시간가치가 150인 경우 미국식 풋옵션 가격이 200원이라면 행사가격은 얼마인가? (   )

12. 3개월 후 1달러가 유입된다고 한다. 풋옵션의 가격이 달러당 100원, 콜옵션 가격이 달러당 150원이라고 가정하자. 만기 시 현물환율이 달러당 1,200원, 행사가격이 1,000일 때 참여선물환의 참여비율과 헷저의 몫을 구하여라. (   )

13. 풋옵션 행사가격이 달러당 1,000원, 가격이 달러당 50원, 콜옵션 행사가격이 달러당 1,100원, 가격이 달러당 60원인 경우를 생각하자.
3개월 후 1달러 유입예정인 경우(콜, 풋) 옵션(매입, 매도)를 통해 헷지한다. 3개월 후 달러당 환율이 달러당 800원일 때 옵션의 손익을 구하라. (원)

14. 행사가격이 달러당 1,000원, 시간가치가 100원인 경우 미국식 콜옵션 가격이 200원이라면 현물환율은 얼마인가? (원/달러)

15. 풋옵션의 가격이 콜옵션 가격보다 1.2배 비싸다고 한다. 국내 이자율이 연간 20%라면 1년만기 옵션의 행사가격은 1년만기 통화선물보다 144원 높다고 한다. 콜옵션 가격을 구하라. (원)

통화스왑(currency swap)은 거래 쌍방간 약정된 기간과 환율로 외화를 서로 교환하고 만기에 이를 재교환하기로 약정하는 거래이다. 이는 외환시장에서 이종통화간 현물환 거래와 스왑 만기시 선물환 거래가 반대방향으로 동시에 이루어지는 거래라고 할 수 있다.

이는 만기까지의 환위험을 회피하거나 통화 간 일시적인 수급 불균형을 해소하는데 쓰일 수 있다. 또 기한 내 외화 차입비용의 절감을 이룰 수도 있다.

초단기 스왑은 만기가 7일 이내이며 은행간 스왑거래가 전체의 60%를 차지하는 것으로 알려져 있다. 현물환 대 선물환, 선물환 대 선물환 스왑 등 다양한 파생 스왑 형태가 있다. 이 밖에 통화스왑의 종류에는 다음과 같은 것들이 있다. 첫째, 상호 융자(또는 평행 대출)로 두 국가에 소재한 서로 다른 모기업이 상대국에 설립·운영하고 있는 자회사에 대하여 서로 교환하여 자국통화표시로 자금을 동일 만기조건으로 융자해 주는 것이다. 예를 들어, A 기업은 달러화 자금을 유리하게 조달할 수 있는데 엔화가 필요하고 B 기업은 엔화 자금을 유리하게 조달할 수 있는데 달러가 필요하다고 가정하자. 가령 지사 설치 영업에 필요한 자금이 그 예가 될 수 있다. 그런데 인지도와 신용도 등에서 자국기업이 차입에 유리하다고 하자. 이런 경우 통화스왑 계약이 체결되며 차입자금에 대한 이자는 최초 차입자가 아니라 자금 이용자가 지급하게 된다.

📋 사례

삼성전자는 일본 사업을 위해 1억엔을 5년간 차입 희망하며 소니 전자는 한국에서의 사업을 위해 10억 원을 5년간 차입 희망한다고 하자. 한편 지명도 등 때문에 삼성전자는 한국에서, 소니전자는 일본에서 낮은 이자율로 자금 조달가능하다고 한다. 가령 한국 금융시장에서 삼성전자는 연 5%, 소니전자는 연 7%의 차입이 일본금융시장에서 삼성전자는 연 7%, 소니전자 연 5%의 차입이 가능하다고 하자. 이 경우 삼성전자는 한국에서 소니전자는 일본에서 각각 차입 후 통화스왑을 하면 두 회사 모두 차입 비용을 절약할 수 있다.

둘째, 상호직접대출로 상호 융자와 비슷하지만 자회사가 개입되지 않고 모기업간에 자국통화로 직접 대출이 일어나는 것(독립된 2개의 대출 계약임)이다. 셋째, 직접 통화스왑으로 상호융자와 현금흐름이 비슷하나 각각 단일 계약으로 구성되며 채무불이행시 상계권 행사가 가능하다. 넷째, 통화금리 스왑으로 통화스왑거래와 금리스왑거래를 혼합한 것이며 환위험 회피와 차입비용의 절감이 그 목적이다. 이에는 고정－변동금리 간 통화스왑이 일반적이며 이종통화표시 고정금리 채무와 변동금리 채무를 서로 교환하는 것이다.

역사적으로 최초의 통화스왑은 1981년 IBM과 세계은행간에 체결된 것으로 알려져 있다. 당시 독일 마르크화와 스위스 프랑 표시 부채를 보유하고 있던 IBM은 두 화폐의 가치 변동으로 이를 달러화 표시 부채로 전환하고자 하였다. 한편 세계은행은 달러화 표시 부채를 부채 통화 다변화 차원에서 독일 마르크화와 스위스 프랑 표시로 전환하고자 하였다. 두 기관의 이해가 일치하면서 부채를 상호 교환하는 통화스왑이 이루어 졌다. 이후 장외시장의 장점인 다변화와 제약이 적은 점 등으로 통화스왑은 광범위하게 확산되었다.

금융위기 해결사 됐던 한미통화스와프 효과 재연될까

국내 증시·원화 일제히 반등… 통화스와프, 달러가뭄에 단비
"통화스와프, 외환시장에 제한적 효과" 신중한 의견 적지 않아

한미 통화스와프 체결로 외환시장과 증시가 일제히 기지개를 켜는 모습이다. 전날 1300원 근처까지 올랐던 원·달러 환율은 20일 오전 1250원대로 낮아졌고, 코스피 지수도 1500선을 회복했다. 달러 가뭄이 일어난 상황에서 한미 통화스와프가 단비가 된 셈이다. 2008년 미국과 맺은 통화스와프가 글로벌 금융위기를 극복했던 분기점이 됐던 상황이 재연될 것이라는 기대감이 조성되는 분위기다.

그럼에도 2008년 당시의 위기와 지금은 다르다는 신중한 의견도 많다. 미국 금융시장의 불안이 외환시장을 통해 국내로 전이됐던 당시 상황과 코로나19 확산·저유가로 인한 현재의 실물경제 충격은 차이가 있다는 것이다. 일각에서는 도널드 트럼프 미국 대통령의 유가 대응 발언이 전날 미 증시를 끌어올리는 데 더 효과적이었다는 분석도 있다. 한미 통화스와프가 외환시장에서 달러 수요를 낮출 수는 있어도 코로나19 백신 개발이나 산유국의 감산합의 등 근본적인 대책이 없으면 한계가 있다는 시각이다.

◇ 글로벌 금융위기 해결사로 등판한 한미 통화스와프

2008년 금융위기 당시 우리나라는 미국과 처음으로 300억달러 규모의 통화 스와프를 맺어 금융시장 안정에 큰 효과를 봤다. 통화 스와프란 마이너스 통장처럼 언제든지 달러를 꺼내 쓸 수 있도록 하는 제도다. 통화 스와프 협정을 체결한 한국과 미국은 필요할 때 자국 통화를 상대방 중앙은행에 맡기고 그에 상응하는 외화를 빌려 올수 있다. 일종의 '제2의 외환 보유고'다. 때문에 한미 통화스와프 계약은 리스크회피가 극도로 심해지면서 달러 자산으로 쏠리는 투기심리를 누그러뜨리는 안전판 역할을 한다.

김소영 서울대 경제학과 교수는 "2008년에는 미국발 금융위기가 한국으로 넘어오는 형식이었기 때문에 한국 경제에서 가장 위기였던 부분이 환율이었다.(때문에 통화스와프가) 매우 중요하게 작용했다"고 설명했다.

당시 달러 유동성에 대한 불안심리가 치솟으며 환율은 2008년 8월말 1089원에서

계약 체결 당시인 10월 말 1468원까지 상승했다. 하지만 통화스와프가 발표된 당일 원·달러 환율은 177원 폭락하면서 1250원으로 장을 마감했다. 불안심리가 완화되면서 급등세를 보였던 원·달러 환율은 통화스와프로 빠르게 안정을 되찾았고, 계약 종료시점에는 1170원까지 하락했다.

2008년 한미 통화스와프는 외환시장뿐 아니라 패닉장세에 시달리던 코스피에도 단비가 됐다. 다만 통화스와프로 외환시장의 단기적인 불안감은 해소했지만, 달러강세와 미국 금융시장 불안이라는 근본 원인을 해소하기에는 역부족이었다. 김진일 고려대 경제학부 교수는 "2008년에도 통화스와프는(미국 금융시장 불안이라는) 근본상황이 아닌 시장의 불안이 한국에 증폭돼 파급되는 측면을 해결하는 것에 그쳤다"고 말했다.

당시 통화스와프 계약은 글로벌 금융위기 영향으로 국내 외환시장에서 달러 유동성 위기 우려가 고조되면서 체결됐다. 2009년 4월 30일까지 6개월간 한시적으로 적용될 예정이었지만 2010년 2월 1일 종료됐다. 연준의 통화스와프 자금은 2008년 12월 4일부터 2009년 1월 22일까지 5차례에 걸쳐 공급됐다.

◇ 전문가들 "2008년 만큼의 효과는 어려워… 달러 급등세 막는 수준"

한은과 미 연준이 체결한 통화스와프는 당장 금융시장의 불안심리를 막아내는 효과를 내고 있다. 전날 국내 증시에서는 코스피·코스닥 시장의 동반 서킷브레이커가 동원됐지만 이날은 간만의 급등세를 나타내고 있다. 코스피는 오전 11시 21분 전거래일대비 66.05포인트 오른 1523.69에, 코스닥은 같은 시각 23.72포인트 상승한 452.17에 거래되고 있다. 전날 1300원에 육박했던 환율은 1250원대 후반을 기록 중이다. 한미 통화스와프가 달러 경색에 물꼬를 터준 만큼 달러 급등으로 인한 불안심리도 어느정도 완화된 분위기다.

일각에서는 2008년의 드라마틱한 효과를 기대하기는 어렵다는 의견도 있다. 금융위기 때처럼 외환시장 안정에 분명한 효과를 내겠지만 지금의 위기상황은 실물경제에서 파생됐기 때문에 더 궁극적인 해결책이 있어야 한다는 것이다.

김진일 교수는 "통화스와프가 달러 경색에 대한 미래의 불안감을 상당부분 낮춘 것은 사실"이라면서 "해외에서 코로나19 확진자수가 지속적으로 늘면서 경제에 불안감을 가져오는 기초적인 원인을 해결할 수는 없다"고 했다.

특히 앞으로 각국의 1분기 경제지표가 발표될 예정이어서 실물경제에 대한 불안감이 지속될 수 있다는 분석도 제기된다. 전날 미국 노동부에서 발표한 주간 실업보험청구자수는 지난주 28만1000명을 기록, 일주일 만에 7만명이 늘었다. 2년 반 만에 최고치였다. 코로나19가 미국에서 급속하게 확산된 여파로 그 충격이 실물경기 지표로 나타나는 셈이다. 우리나라도 수출지표와 3월 산업활동동향, 경상수지 등 실물경기의 주요지표가 부정적으로 나오면 경제심리가 위축될 가능성이 있다.

박상현 하이투자증권 연구원은 "경제적인 충격이 지속되는 상황을 아직은 확인을 못 했지만 이제 각종 지표가 나오는 것을 지켜봐야 한다"며 "하루 전 미국 실업 지표에서 나타난 것처럼 충격이 수치로 확인될 수 있다"고 했다.

지난해 미·중 무역분쟁, 반도체 불황으로 어려움을 겪었던 기업들이 본격적인 회복기에 들어서기도 전에 코로나19로 또 한 번 타격을 받았다는 점을 우려하는 시각도 있다. 우리나라 수출은 2018년 12월부터 14개월 연속 마이너스를 기록하면서 주력 수출품목인 반도체 기업을 중심으로 실적이 급락했다. 우리나라 시총 30%를 차지하는 삼성전자의 지난해 매출액은 230조원으로 전년 대비 5.5%, 영업이익은 28조원으로 52.8% 감소했다.

성태윤 연세대 경제학부 교수는 "외국인이 국내에서 투자금을 빼내는 건 미국과 해외 이슈도 있지만, 우리나라 기업들이 버티기 어렵다고 보는 시각도 반영돼 있다"며 "높은 수익을 올리던 기업들이 지난해 침체기를 겪으면서 상당한 타격을 입었다는 점을 주목해야 한다"고 했다. 〈조선비즈 2020.3.20.〉

무역보험공사가 제공하는 환변동 보험을 환헷지에 이용할 수도 있다. 환변동 보험은 수수료를 납부하며 앞서 만기의 환율 변동에 따라 보장환율[94])과 시장 환율을 비교하여 손해 발생하는 경우 보험공사가 이를 보전하고 반대로 이익이 발생하는 경우 이를 환수하는 상품이다. 이러한 성격은 NDF와 유사한 측면을 지니고 있으며 환변동 보험을 이용하려면 보험요율(0.02-0.03%)을 부담하며, 계약기간은 일반수출 1년 6개월, 중장기 수출 3년 6개월이다. 그 종류는 다음과 같다.

- 범위선물환형: 일정 환율 이하 하락시 보상, 일정 환율 이하 상승시 이익금 납부 일부구간 환위험 노출
- 부분보장 옵션형: 환율하락시 일부 보상(이익금 납부 면제)
- 완전보장 옵션형: 환율하락시 전액 보상(이익금 납부 면제)

이 있다. 이들 상품의 구체적 내용은 이번 장의 부록(무역보험공사 홈페이지에서 발췌)을 참조하면 된다.

선도환의 경우 손해와 이익이 발생하면 본인이 감수하고 말지만 환변동 보험의 경우 무역보험공사에서 보전 또는 환수하므로 양자에 차이가 있다.

예를 들어, 수출업자가 무역보험공사와 보장환율 F원에 1달러를 선도 매도하는 계약을 체결하는 경우를 생각해 보자. 시장에서 만기환율 S가 F를 하회하는 경우 수출업자는 손해를 보게 된다. 이 경우 차액을 공사에서 $F-S$만큼 수출업자에게 보전해 주게 된다. 반대로 만기환율 S가 F를 상회하여 수출업자가 이익을 보는 경우 공사에서 이를 환수한다.

한편 무역보험 공사는 환변동 보험을 다시 은행에 매각하여 통해 위험을 헷지한다. 이에 따라 은행에서 이를 인수하지 않으면 공사는 환변동 보험을 공급하지 못할 수 있다.

---

94) 시장평균환율+스왑포인트(선물-현물환율)로 결정된다.

선물환 방식 환보험의 손익 구조와 예시

일반형 환변동보험

구조도

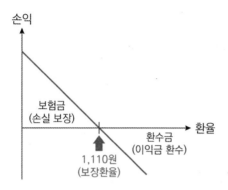

손익구조 예시

보장환율보다 환율 하락시 보험금 지급
보장환율보다 환율 상승시 이익금 납부
손익구조 예시
① 보장환율 1,110
② 환율하락시 : 보험금 지급
③ 환율상승시 : 환수금 납부

일반형 환변동보험의 특징은 아래와 같다.
보험가입시 환율보다 환율 상승시에는 이익금 납부, 환율 하락시에는 보험금을 지급하는 선물환 상품(수출거래 기준)

상품의 특징은 아래와 같다.
1) 최장 3년 6개월까지 환리스크 헷지 가능
   청약시점부터 일반수출거래는 1년 6개월까지, 중장기 수출계약건은 3년 6개월까지 헷지 가능

2) 저렴한 비용

계약이행관련 증거금 또는 담보 제공 없이 저렴한 보험료만으로 이용가능
• 6개월 동안 U$1백만 헤지 시 보험요율은 0.02%~0.03%(U$200~350)

3) 자유로운 조기결제 실시

수출입계약의 변경, 수출입대금 조기결제 등 외화자금 흐름과 환위험 관리를 일치
시킬 수 있도록 만기일 이전 조기결제 가능

4) 외화자금의 실제인도가 필요 없는 차액정산방식

실제 외화자금의 매매는 시중 금융기관과 이루어지며 K-SURE와는 보장환율과
결제환율 차이에 따라 발생하는 원화차액만 정산

범위제한선물환 환변동보험

• 환율하락에 따른 보험금과 환율상승시의 환수금을 일정 범위 이내로 제한하는 상품
• 환율 하락시 100% 헤지가 불가능하나, 환율 상승시 손실이 제한되는 장점이 있음

범위제한선물환 환변동보험(Collar) 구조도

구조도

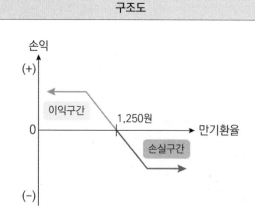

손익구조 예시
보상환율 : 보장환율 – 50원까지
환수환율 : 보장환율 + 50원까지
손익구조 예시
① 보장환율 1,250원
② 1,200~1,250원 범위까지 보상
③ 1,250~1,300원 범위까지 환수

범위선물환 환변동보험

일정 범위까지는 환위험을 노출시키고 일정환율 이하로 하락시 보험금 지급, 일정환율 이상으로 상승시 환수금 납부하는 상품

범위선물환 환변동보험(Range Forward) 구조도

구조도
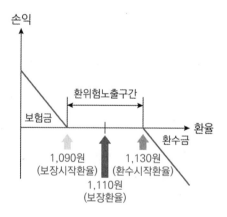

손익구조 및 보험료 수준

보상시작환율 : 보장환율 -10/-20/-30 환수시작환율 : 보장환율 +α*
*시장가격에 따라 매일 변동

손익구조 (-20 ~ 20원 구간 예시)
① 보장환율 : 1,110
② 1,090~1,130원 범위인 경우 : 보상/환수 無
③ 1,090원 미만 시 보상
④ 1,130원 초과 시 환수

옵션형 환변동보험
• 보험가입시 환율(청약일 시장평균환율)보다 환율 상승시에는 이익금 납부의무를 면
제하되, 환율 하락시 보험금을 지급하는 상품
• 부분보장 옵션형 환변동보험, 완전보장 옵션형 환변동보험(조기결제형), 완전보장 옵
션형 환변동보험(조기결제 불가형)

공통
1) 대상통화: USD, JPY, EUR
2) 보험가입시 환율보다 환율 상승시 환수금 부담이 없는 것이 가장 큰 장점
3) 최장 6개월까지 환리스크 헤지 가능
4) 최소 청약 금액: U$1만, €1만, ¥1백만
5) 일반형 환변동보험 보다 다소 비싼 보험료(평균 2~10%)
6) 월말 결제만 가능, 조기결제 및 월중결제 불가(완전보장 옵션형 조기결제형 조기결
제 가능)
7) 외화자금의 실제인도가 필요 없는 차액정산방식

부분보장 옵션형 환변동보험(Spread Option)

• 보험가입시 환율보다 환율 하락 시 하락분의 일정수준(통화당 최대 20~80원)까지
  환차손을 보상하는 복합옵션상품 (엔화(JPY)의 경우 100엔 기준)
• 옵션형 중 보험료가 다소 낮으나 보장구간 제한

구조도

구조도(-40~-10 유형)

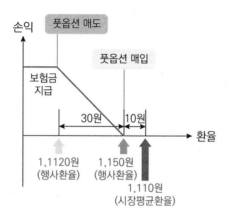

손익구조 및 보험료 수준

보장구간 (통화당) -70/-30/-20 ~ '시장평균환율'
-90/-50/-40 ~ '시장평균환율-10원'

손익구조 (-40 ~ -10원 구간 예시)
① 보험청약일 시장평균환율: 1,160
② 환율하락시 : 10원 초과 하락시(1,150원 미만) 보험금 지급 - 최대 보험금지급액
   : 통화단위당 30원
③ 환율상승시 : 환수금 납부 없음 (엔화(JPY)의 경우 100엔 기준)

완전보장 옵션형 환변동보험

- 보험가입시 환율보다 환율 하락 시 하락분 전액을 보상하는 옵션상품
- 환율 하락 분 전액 보상하나 보험료 높음

구분	완전보장 옵션형 환변동보험 (조기결제형*)	완전보장 옵션형 환변동보험 (조기결제 불가형)
대상통화	USD	USD, JPY, EUR
결제환율	결제일 최초고시환율	결제월 최종영업일 최초고시환율
최소청약 금액	결제일자별 U$ 1만	결제일자별U$ 1만, € 1만 , ¥ 1백만
결제시점	청약일의 2영업일 후부터 조기결제 가능 및 월말결제	조기결제 불가 및 월말결제

* 조기결제 불가형 대비 높은 보험료

구조도

완전보장형 구조도

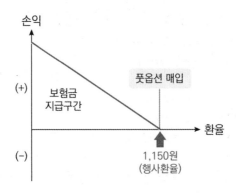

손익구조 및 보험료 수준
보장구간 (통화당)
'시장평균환율'부터 무제한 하락 보상
'시장평균환율-10원'부터 무제한 하락 보상
손익구조('~시장평균환율' 구간 예시)
① 보험청약일 시장평균환율: 1,150원
② 환율하락시 (1,150원 미만) 보험금 지급
- 최대 보험금지급액 : 통화단위당 1,150원
③ 환율상승시 : 환수금 납부 없음
(엔화(JPY)의 경우 100엔 기준)

환헷지 수단별
최적 헷징 비중의 산출

환위험 헷지론

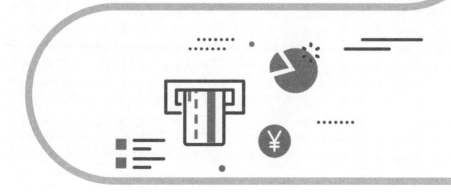

06

환헷지 수단별
최적 헷징 비중의 산출

수익률과 위험을 동시에 고려한 선호체계

환헷지를 위해서는 위험 축소만을 추구할 수 없으며 함께 헷지 비용도 함께 고려하여야 한다. 자산선택이론에 따르면 투자자는 위험(분산)만이 아니라 수익률(기댓값)을 동시에 고려하여 투자를 결정하게 된다. 곧 위험만을 최소화 하거나 수익만을 극대화 하지는 않으며 헷지 비용은 수익률과 체계적으로 관련된다.

좀 더 이론적으로는 선택 가능한 위험과 수익의 조합들의 제약 중에서 효용을 극대화하는 선택을 하게 되는데 이는 Markowitz 이래의 현대 재무이론의 기초 명제이다. 이를 설명하기 위하여 기댓값과 분산이 서로 다른 다음의 투자 기회를 고려하자. 이 예에서 여러분은 어떤 주식을 선호할 것인가?

- 주당 백만원인 삼성전자 주식 1주의 경우
  주가가 110만원 상승 확률 1/2,
  130만원 하락 확률 1/2의 경우
  기댓값=120만원, 분산 100만원(A)

- 주당 백만원인 LG전자 주식 1주의 경우
  주가가 105만원 상승 확률 1/2,
  95만원 하락 확률 1/2의 경우
  기댓값=100만원, 분산 25만원(B)

그런데 환위험 관리도 위에서 제시된 자산선택이론의 범주에서 설명이 가능하다.[95] 즉, 모든 보유하고 있는 외환을 헷지하는 것은 위험을 최소화하는 방법일 수 있지만 소요 비용 때문에 헷저의의 수익을 극대화하는 전략은 아닐 수 있다. 최적의 환헷지는 환위험과 또 그에 따른 비용(선도환 수수료)을 동시에 고려하여 결정하여야 한다.

이를 설명하기 위해 <그림 6.1>의 헷지가능곡선(hedging frontier) 상의 효용극대화 문제를 고려해 보자. 여기서 헷지가능곡선은 이용 가능한 헷지 수단들의 비용과 위험을 연결한 선들 중 좌상방향으로 가장 바깥의 것들로 이루어진다. 가령 무헷지는 비용은 0이나 위험은 크다. 선도환 구입은 위험은 없으나 비용(수수료)이 든다. 한편 옵션의 경우 이 두 가지 수단의 중간에 위치해 있다.

이 그림에서 기대수익과 위험의 두 가지 선택 공간에서 효용함수가 우상향하는 것은 개인이 위험기피성향을 갖고 있음을 의미한다. 이는 어떤 효용함수의 점에서 위험이 증가 시 동일한 효용함수 위에 있기 위하여는 기대수익이 증가하여야 함을 의미한다. 즉, 위험이 기대수익으로 보상되어야 함을 의미하므로 이는 위험기피 성향을 나타낸다고 할 수 있다.(위험 선호성향이라면 보상의 필요가 없

---

95) 환위험관리는 무역 거래 기업 들에게 매우 중요함에도 불구하고 KIKO 등의 영향으로 부정적 인식이 팽배한 가운데, 난해성으로 다양한 헷징 수단의 최적 이용 방법은 주식 등 다른 자산에 비해 알려진 것이 거의 없다. 이는 미국 등 기축 통화국의 경우 환 헷지 필요성이 상대적으로 적은 데에 기인하여 연구자체도 활성화 되지 않는데 에도 이유가 있다. 이에 따라 본고는 주식 투자 등에 널리 이용되는 표준적인 자산 포트폴리오 이론을 적용하여 환위험 리스크의 최적 헷징 방법을 제시한다.

을 것이다. 이 경우 무차별 곡선은 우하향하게 된다.) 통상의 경우 위험기피성향을 가정하고 분석하는 것이 일반적이다.

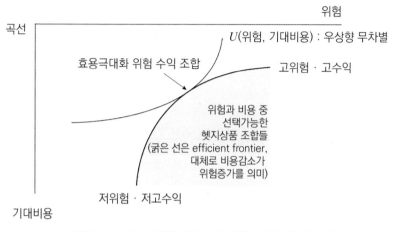

〈그림 6.1〉 비용과 위험 제약하의 효용극대화 헷지 선택

이와 같은 구조 하에서 기대수익(또는 비용)과 위험이 서로 다른 여러 환헷지 수단이 있다면 효용을 극대화 하는 수단(또는 비중을)을 선택 하게 된다. 즉 헷지가능곡선과 효용 무차별곡선이 만나는 점에서 최적 헷지가 결정된다. 이 둘을 어떻게 최적으로 조합할 것인가 하는 것이 최적 헷지의 목표가 된다.[96]

한편 Kim(2013, 2018)은 미 상무성의 외환 매뉴얼에서도 추천하고 있는 통화 옵션, 선물환 및 未 헷징 등 세 가지 헷징 전략간 조합의 효용극대화 최적 완결해(closed form solution)를 제시하고 있다. Kim(2013)은 헷지상품의 특성은 Markowitz 이래의 전통적 방법을 따라 수익을 나타내는 기댓값과 위험을 나타내는 분산으로 나타난다고 가정한다. 이에 따라 동일 기대수익 하에서는 위험회피 성향 투자자는 상대적으로 분산이 작은 상품을 선택하게 된다. 여기서 환헷징 목표는 '주어진 기대 비용 수준에 대하여 낮은 환 리스크 수준을 달성하는' 표준적인 자산 포트폴리오 최적화 모형을 적용하며 적절한 헷징 전략의 선택으로 비용·위험공간에서 주어지는 헷지자의 효용을 최대화 하도록 세 가지 헷지 수단의 배분 비율을 선택하는 것이다. 이러한 헷지 도구들 간 최적 배분 비율은

---

96) 이론적 접근은 Kim(2013, Theoretical Economics Letters), 개괄적 설명은 Stafford(2014)를 참조.

EXCEL을 통해 계산하는 방법이 Kim(2018)에 제시되어 있다. 개략적으로는 통화옵션, 선물환 및 미헷징을 각 1/3씩 배분하는 전략을 선택할 수 있다.

참고문헌

강삼모, "우리나라의 환율, 환율변동성이 무역수지와 경제성장에 미치는 영향,"『국제 지역연구』제11권 제3호, 2007, 438－458.

강삼모·이창수, "수입국과 수출국의 대미환율변동성이 무역에 미치는 영향,"『경제학 연구』제5권 제4호, 2005, 67－89.

김태준·유재원, "한국의 외환시장압력과 환율정책,"『국제경제연구』제4권 제2호, 1998, 27－48.

김훈용, 글로벌 기업의 국제재무관리, 2010, 두양사.

서병선, "통화량, 산업생산, 환율의 장기균형관계에 대한 연구,"『경제학연구』, 제49집 제1호, 2001, pp.245－272.

이재득, "미국의 국제투자 및 수출기업의 환노출과 파생상품 결정요인,"『무역학회지』제31권 제5호, 2006, 5－28.

이환호, 글로벌 시대의 외환론: 이론과 실재, 2007, 경문사.

Akerlof, G. A., "The Market for "Lemons": Quality Uncertainty and the Market Mechanism," The Quarterly Journal of Economics 84(3), 1970, 488－500.

Aristotelous, K., "Exchange－Rate Volatility, Exchange－Rate Regime, and Trade Volume: Evidence from the UK－US Export Function (1889－1999)," Economic Letters 72, 2001, 87－94.

Baak, S. J., "Exchange Rate Volatility and Trade among the Asia Pacific Countries," Journal of International Economic Studies, 2004, 93－116.

Beneda, Nancy(2004), "Optimal Hedging and For－eign Exchange Risk,"Credit and Financial Management Review, October

Bilson, J. F. O., "The Current Experience with Floating Exchange Rates: An Appraisal of the Monetary Approach," American Economic Review 68(2), 1978, 392－397.

Bodie, Z., A. Kane, and A. Marcus(2002), Invest－ments, McGraw Hill,New York.

Campbell, Y., and R. Shiller, "Cointegration and Tests of Present Value Models," Journal of Political Economy, Vol. 95, No. 5, 1987, pp.1062－1088.

Cheung, Y－W, Lai, K. S., and Bergman, M. "Dissecting the PPP Puzzle: the Unconventional Roles of Nominal Exchange Rate and Price Adjustments."

Journal of International Economics 64 (No. 1 2004): 135−50.

Chinn, M. D., and R. A. Meese, "Banking on Currency Forecasts: How Predictable is Change in Money?" Journal of International Economics, 1995, pp.161−178.

Diebold, F. X. and J. A. Nason , "Nonparamet−ric Exchange Rate Prediction?," Journal of International Economics 28, 1990, pp. 315−332.

Dornbusch, R., Real Exchange Rates and Macroeconomics: A Selective Survey, Working Paper No. 2775, National Bureau of Economic Resaearch, 1988.

Elton, E., Gruber, M., Brown, S., and W. Goetzmann, Modern Portfolio Theory and Investment Analy−sis, 2007, Wiley.

Engel, C., and Morley, J. C. The Adjustment of Prices and the Adjustment of the Exchange Rate. NBER Working Papers No. 8550, National Bureau of Economic Research, 2001.

Frankel, J. A., "On the Mark : A Theory of Floating Exchange Rates Based on Real Interest Differentials," American Economic Review 69, 1979, 610−622.

Frankel, J. A., and A. Rose, "Empirical Research on Nominal Exchange Rates," in G.M. Grossman and K. Rogoff (ed.), Handbook of International Economics, Vol. 3, 1995, pp.1689−729.

Garman, M and S. Kohlhagen, "Foreign Cur−rency Option Values,"Journal of International Money and Finance 2, 1983, pp. 231−238.

Kahneman, D. and A. Tversky, "Prospect Theory: An Analysis of Decision Under Risk," Econometrica 46, 1979, pp.171~185.

Krugman, P., "A Model of Payments Crises," Journal of Money, Credit and Banking, 11, 1979. 311−325.

Lucas, R. E. Jr., "Econometric Policy Evaluation : A Critique," Carnegie Rochester Conference Series on Public Policy 24, 1976, 19−46.

_____, "Interest Rates and currency Prices in a Two−Country World," Journal of Monetary Economics, Elsevier 10(3), 1982, 335−359.

Meese, R., and K. Rogoff, "Empirical Exchange Rate Models of the Seventies: Do They Fit Out of Sample?" Journal of International Economics, Vol. 14, 1983, pp. 3−24.

Obstfeld, M., and K. Rogoff, "The Six Major Puzzles in International Macroeconomics: Is There a Common Cause?" NBER Macroeconomics Annual,

Vol. 15, 2000, pp.339-390.

Odean, T., "Are Investors Reluctant to Realize Their Losses?" The Journal of Finance, Vol. LIII,No. 5, 1998, pp.1775~1798.

Rapach, D. E., and M. E. Wohar, "Testing the Monetary Model of Exchange Rate Determination: New Evidence from a Century of Data," Journal of International Economics, 2001, pp.360-385.

Shefrin, H. and M. Statman, "The Disposition to Sell Winners Too Early and Ride Losers Too Long: Theory and Evidence," The Journal of Finance, Vol. XL, No. 3, 1985, pp.777~790.

Smith, C., "Stock Market and Exchange Rate: A Multi-country Approach," Journal of Macroeconomics, Vol. 14, Issue 4, 1992, pp.607-629.

Stafford, P. January 28, 2014 Cash Flow Hedging Best Practices, Treasury and Risk.

Y. Kim, "Optimal Foreign Exchange Risk Hedging: A Mean Variance Portfolio Approach," Theoretical Economics Letters, Vol. 3 No. 1, 2013, pp. 1-6.

_____, "Optimal Foreign Exchange Risk Hedging: Closed Form Solutions Maximizing Leontief utility Function" Theoretical Economics Letters, Vol. 8, No. 14, 2018, pp. 2893-2913.

"(사) 나보타스 장학회"에 초대합니다.
(http://cafe.naver.com/ilovenavotas)

1. 외교통상부 산하 비영리 사단법인입니다.

♥ (사) 나보타스장학회는 필리핀의 극빈지역인 나보타스 (Navotas) 지역의 빈민 자활 지원 및 빈민아동들의 교육지원 사업을 수행하기 위하여 2009년 7월 설립 (이사장 김윤영 어거스틴) 된 카톨릭 『비영리법인』으로 무보수 자원봉사로만 운영됩니다. 후원금은 연말 소득공제도 받으실 수 있습니다.

♥ 나보타스 지역은 필리핀 마닐라의 외곽지역의 빈민 지역으로 열악한 주거환경과 실업으로 고통 받고 있는 지역입니다. 또한 한없이 맑은 눈과 영혼을 가진 아이들의 꿈이 거대한 가난에 찌들려 시들어가고 있는 곳이기도 합니다.

♥ 그들은 기도만이 유일한 희망이며 여러분은 기도에 답해주실 수 있습니다.

2. 어떤 사업을 하나요?

♥ 우리는 이들의 가난을 깰 수 있는 유일한 방법은 우리나라가 그랬듯이 장기적으로 교육 뿐이라고 믿습니다. 고기가 아니라 고기잡는 방법을 가르쳐 주는 것이지요. 다행히 필리핀의 학비는 단과 대학의 경우 학기당 3만원에 불과하여 교육지원이 매우 효율적인 곳입니다.

♥ 우리는 필리핀 나보타스 지역 빈민아동 교육 지원 사업을 수행하며 이를 위하여 중·고·대학생을 대상으로 월별 장학금을 지원합니다. 후원 및 지원 실적은 카페 홈페이지를 통해 투명하게 공개됩니다.

〈후원문의: Email: ilovenavotas@naver.com, Tel: 010-2998-3993〉

색인

저자 약력

김윤영

서울대 경제학과 (학사), 서울대 국제경제학과 (석사), 미국 University of Washington (경제학 박사),
한국은행 금융경제연구원 근무, 현 단국대 무역학과 교수.
Economics Letters, Applied Economics, International Review of Economics and Finance, Asia
Pacific Journal of Financial Studies, Korean Economic Review 등에 논문 게재.
한국금융학회 우수논문상 수상(2009, 2010), 한국증권학회 우수논문상 수상 (2011).

환위험 헷지론

초판발행   2020년 9월 15일

지은이   김윤영
펴낸이   안종만 · 안상준

편 집   배근하
기획/마케팅   장규식
표지디자인   조아라
제 작   우인도 · 고철민

펴낸곳   ㈜ **박영사**
                  서울특별시 종로구 새문안로3길 36, 1601
                  등록 1959. 3. 11. 제300-1959-1호(倫)

전 화   02)733-6771
f a x   02)736-4818
e-mail   pys@pybook.co.kr
homepage   www.pybook.co.kr
ISBN   979-11-303-1065-7   93320

정 가   16,000원